30
PARA ENTENDER

LA
BIBLIA

MAX ANDERS

CARIBE

Un Sello de Editorial Caribe

© **1996 EDITORIAL CARIBE**
Una división de Thomas Nelson
P.O. Box 141000
Nashville, TN 37214-1000, EE.UU.

Título del original en inglés:
30 Days to Understanding the Bible
© 1994 por *Max Anders*
Publicado por *Word Publishing*

ISBN: 0-89922-503-9

Traductor: *Miguel A. Mesías*

Primera edición

A Jake y Wilma,
mis mentores espirituales y amigos muy queridos.

CONTENIDO

SECCIÓN TRES: Panorama general de la Biblia

RECONOCIMIENTOS

Este libro fue mucho más difícil de escribir que lo que me imaginé. Es más, no hubiera sido terminado de no ser por las contribuciones providenciales y a tiempo de muchas personas. Si no hubiera sido por el considerable conocimiento y aporte creativo de Bob Roland y Art Vander Veen, ni siquiera habría empezado. El Dr. Steve Grill suplió la información para los gráficos de la historia de los Estados Unidos. Anne Cundiff dio muchas de las ideas y del arte de las ilustraciones originales. Gary McKnight hizo la investigación y el primer borrador para los capítulos 20 al 27 en esta edición revisada. Su hábil trabajo bajo apremiantes fechas límites fue extremadamente valioso y lo aprecio grandemente. Roxanne Brooks mecanografió y editó el nuevo material en el manuscrito revisado.

Mis gracias a los que realizaron la prueba de campo del manuscrito original e hicieron valiosas contribuciones: Lara y Richard Anders, Ken Axt, el Dr. Ken Boa, Eric Frank, Garlen Howington, Jerome King, Marcia Price, David Rogers, y Lynn Tarleton. Lara y Richard Anders, Marcia Price y Lynn Tarleton son miembros de mi familia. ¡Dios los bendiga! Gracias a Judy Lunsford, quien no solamente hizo la prueba de campo del manuscrito, sino que contribuyó con muchas horas de hábil evaluación editorial.

Especiales gracias a mi esposa, Margie, cuyo meticuloso ataque frontal a mis nebulosas ideas originales elevaron al manuscrito a un estrato totalmente superior al nivel original. Su lógica aguda y perspectiva editorial hicieron de esta una obra mucho mejor de lo que hubiera sido de otra manera.

Y, finalmente, gracias al Señor por su supervisión providencial sobre mi vida al estimularme y capacitarme para escribir este libro. ¡A Dios sea la gloria!

INTRODUCCIÓN

Hagamos un trato.

Si usted me da *quince minutos* diarios por *treinta días*, yo le daré una comprensión de la Biblia, la publicación más ampliamente distribuida en la historia (¡aproximadamente tres mil millones de ejemplares!).

En un mes usted aprenderá sobre. . .

      todos los hombres y mujeres principales,

      todos los principales sucesos, y

      todos los principales puntos geográficos.

Podrá concatenar a todas estas personas y hechos en su orden cronológico apropiado, y trazar el movimiento geográfico ¡al recorrer la Biblia entera! Usted sabrá la historia del Antiguo Testamento y la del Nuevo Testamento.

Sin embargo, la Biblia es más que eso. Para comprender la historia más plenamente es muy provechoso entender cosas como: por qué hay cuatro evangelios, por qué Jesús hablaba en parábolas, cómo podemos comprender los milagros y las profecías en la Biblia, y así por el estilo.

No se ha hecho ningún intento para interpretar la Biblia para usted. La información se presenta por lo que vale, y tal como se encuentra en el texto. No se da por sentado ningún conocimiento previo. Un nuevo cristiano no se verá intimidado, ni tampoco el estudiante interesado en refrescar su memoria. Frecuentes pruebas de comprobación personal se hallan a través de todo el texto, para ayudarle a memorizar la información. Estas pruebas destacan áreas que tal vez requieran otra leída.

Este es el primer libro de una serie de volúmenes de «30 días». Estos libros brotan de una profunda convicción de que mucho del aprendizaje es generado por uno mismo. Por consiguiente, debemos enseñar lo básico y enseñarlo tan bien de modo que el estudiante quede en posición de progresar a un aprendizaje propio más avanzado. Al colocar el cimiento de cualquier cuerpo de aprendizaje, enseñar menos es enseñar más. Es mejor aprender de todo un poco antes que mucho de algo. Es mi más ferviente deseo y oración que esta obra le dé una mejor comprensión del «Gran Libro de los Siglos», y una más grande capacidad para leerla con provecho para usted mismo.

La Biblia es un libro enorme que cubre muchos temas de profunda significación, y no es posible que usted aprenda *todo* al respecto en treinta días. Pero adquirirá un conocimiento de principio, un repaso, que puede usar para tener una comprensión más completa en los años venideros. En apenas quince minutos diarios durante treinta días usted puede adquirir una comprensión fundamental del libro más importante jamás escrito.

LA HISTORIA DEL ANTIGUO TESTAMENTO

UNO

LA ESTRUCTURA
DE LA BIBLIA

 Charles Steinmetz era un ingeniero eléctrico con un intelecto gigantesco. Después de jubilarse, un fabricante de artefactos electrodomésticos le pidió que ubicara lo que funcionaba mal en su equipo eléctrico. Ninguno de los expertos del fabricante había podido localizar el problema. Steinmetz pasó un tiempo dando vueltas, y haciendo pruebas en las diferentes piezas del complejo de la maquinaria. Finalmente sacó de su bolsillo un pedazo de tiza y dibujó una X en un sitio en particular de una máquina. Los empleados del fabricante desarmaron la maquinaria, descubriendo para su sorpresa que el defecto residía precisamente en donde Steinmetz había colocado la marca de tiza.

Algunos días más tarde el fabricante recibió una factura de Steinmetz por diez mil dólares. Protestaron por la cantidad, y le pidieron que la desglosara. Steinmetz envió de nuevo la factura desglosada:

Dibujar una marca con tiza $....................1,00
Saber dónde dibujarla $....................9.999,00

Si usted sabe en dónde dibujar las marcas, las tareas más apabullantes pueden resolverse fácilmente. Si no, incluso las más simples pueden ser imposibles.

Aprender acerca de la Biblia puede ser algo similar. Si no sabe mucho al respecto puede ser como tratar de cruzar el desierto del Sahara con una venda sobre los ojos. Sin embargo, si usted aprende en donde colocar unas cuantas de las marcas con tiza, la Biblia puede ser al menos una fuente interesante y valiosa de información e inspiración.

Mi propia experiencia abona a esto. Hace muchos años decidí dominar el conocimiento de la Biblia. Iba a empezar con Génesis, leer hasta Apocalipsis, y no la iba a dejar hasta que la comprendiera. Pronto llegué a enredarme desesperadamente en una selva de relatos fantásticos, nombres impronunciables, tramas inconclusas, preguntas sin respuestas, y genealogías interminables. Me di un tropezón con Levítico, me torcí el tobillo en Job, me di de cabeza en Eclesiastés y me caí de bruces en Habacuc.

Estaba derrotado. Tiré mi Biblia. Una cosa parecía clara: ¡La Biblia era una serie de historias sin relación, compiladas al azar!

Entonces un día descubrí una clave. Con ella la niebla que envolvía mi comprensión de la Biblia empezó a levantarse. No que las cosas se enfocaron agudamente, sino que empecé a ver formas en el horizonte.

La clave: *Aprender la estructura de la Biblia*. Si usted quiere aprender arquitectura debe primero aprender cómo se construyen los edificios. Si desea aprender a navegar, debe primero aprender cómo se construyen las naves. Y si anhela comprender la Biblia, debe primero aprender cómo está conformada.

El Antiguo y Nuevo Testamentos

La Biblia tiene dos divisiones principales: el Antiguo Testamento y el Nuevo Testamento. El Antiguo empieza con la creación, y relata la historia del pueblo judío hasta el tiempo de Cristo. Está compuesto de *treinta y nueve* «libros» individuales (el libro de Génesis, el libro de Éxodo, etc.) escritos por veintiocho autores diferentes, y cubre un período de dos mil años.

El Nuevo Testamento es el registro del nacimiento de Jesús, su vida y ministerio, además del de sus discípulos, que fue realizado después que el Maestro fue crucificado. El Nuevo Testamento se compone de *veintisiete* libros escritos por nueve autores diferentes y cubre un período de menos de cien años. El total de libros en la Biblia entera es de *sesenta y seis*.

Autoevaluación

¿Cuántos libros tiene?   El Antiguo Testamento _____
El Nuevo Testamento _____
La Biblia _____

Libros del Antiguo Testamento

Génesis	2 Crónicas	Daniel
Éxodo	Esdras	Oseas
Levítico	Nehemías	Joel
Números	Ester	Amós
Deuteronomio	Job	Abdías
Josué	Salmos	Jonás
Jueces	Proverbios	Miqueas
Rut	Eclesiastés	Nahum
1 Samuel	Cantar de los Cantares	Habacuc
2 Samuel	Isaías	Sofonías
1 Reyes	Jeremías	Hageo
2 Reyes	Lamentaciones	Zacarías
1 Crónicas	Ezequiel	Malaquías

Libros del Nuevo Testamento

Mateo	Efesios	Hebreos
Marcos	Filipenses	Santiago
Lucas	Colosenses	1 Pedro
Juan	1 Tesalonicenses	2 Pedro
Hechos	2 Tesalonicenses	1 Juan
Romanos	1 Timoteo	2 Juan
1 Corintios	2 Timoteo	3 Juan
2 Corintios	Tito	Judas
Gálatas	Filemón	Apocalipsis

El Antiguo Testamento

«La llave que se usa siempre brilla». Benjamín Franklin

La siguiente es la clave para comprender el Antiguo Testamento. En sus treinta y nueve libros *hay tres clases diferentes:* libros históricos, libros poéticos y libros proféticos.

¿Qué clase de información esperaría usted encontrar en los libros históricos? .... *¡historia!*

¿Qué clase de información esperaría usted encontrar en los libros poéticos? .... *¡poesía!*

¿Qué clase de información esperaría usted encontrar en los libros proféticos? .... *¡profecía!*

Si usted sabe qué clase de libro está leyendo, entonces sabe qué clase de información esperar, y ¡puede seguir fácilmente el flujo lógico del Antiguo Testamento!

En el Antiguo Testamento:

. . . los primeros diecisiete libros son históricos,

. . . los cinco siguientes son poéticos, y

. . . los siguientes diecisiete son proféticos.

Las tres clases de libros en el Antiguo Testamento

Históricos	*Poéticos*	*Proféticos*
Génesis	Job	Isaías
Éxodo	Salmos	Jeremías
Levítico	Proverbios	Lamentaciones
Números	Eclesiastés	Ezequiel
Deuteronomio	Cantar de los Cantares	Daniel
Josué		Oseas
Jueces		Joel
Rut		Amós
1 Samuel		Abdías
2 Samuel		Jonás
1 Reyes		Miqueas
2 Reyes		Nahum
1 Crónicas		Habacuc
2 Crónicas		Sofonías
Esdras		Hageo
Nehemías		Zacarías
Ester		Malaquías

Si quiere leer la historia de la nación hebrea en el Antiguo Testamento debe estudiar los primeros diecisiete libros. Estos componen una línea cronológico–histórica para la nación de Israel.

Si quiere leer la poesía de Israel, debe ver los siguientes cinco libros del Antiguo Testamento.

Si desea leer acerca de la profecía de Israel, debe ver los diecisiete libros finales.

Esto es hasta cierto punto una simplificación amplia, porque hay algo de poesía en los libros históricos, y algo de historia en los libros proféticos, etc. El punto es, sin embargo, que cada uno de los libros encaja en una categoría primaria. Si usted mantiene esta estructura en mente, el Antiguo Testamento empezará a tomar forma ante sus ojos.

Mi error fue creer que todo el Antiguo Testamento era una sola historia ininterrumpida, y que fluiría rauda y consistentemente de un libro al siguiente hasta que todo estuviera terminado. Ahora sé que la línea histórica pasa por los primeros diecisiete libros.

De los diecisiete libros históricos, once son *primarios* y seis son *secundarios.* La historia de Israel avanza en los once libros primarios, y se repite o amplifica en los seis secundarios. Los libros poéticos y proféticos fueron escritos durante el período de tiempo que es cubierto en los primeros diecisiete libros.

Demos un vistazo a la línea cronológico–histórica del Antiguo Testamento, en forma de tabla:

Cronología del Antiguo Testamento

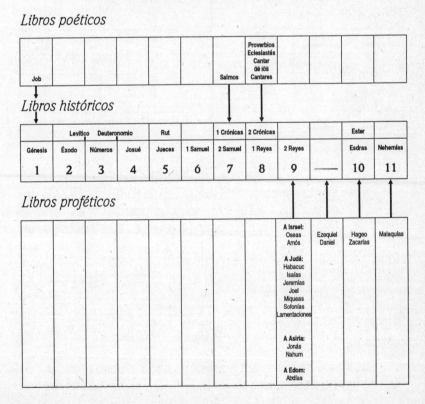

Libros poéticos

Job					Salmos	Proverbios Eclesiastés Cantar de los Cantares				

Libros históricos

	Levítico	Deuteronomio		Rut		1 Crónicas	2 Crónicas			Ester	
Génesis	Éxodo	Números	Josué	Jueces	1 Samuel	2 Samuel	1 Reyes	2 Reyes	—	Esdras	Nehemías
1	2	3	4	5	6	7	8	9		10	11

Libros proféticos

						A Israel: Oseas Amós A Judá: Habacuc Isaías Jeremías Joel Miqueas Sofonías Lamentaciones A Asiria: Jonás Nahum A Edom: Abdías	Ezequiel Daniel	Hageo Zacarías	Malaquías

Como usted puede ver, Job fue escrito durante el tiempo del libro de Génesis, y Salmos durante el de 2 Samuel, mientras que Proverbios, Eclesiastés y Cantar de los Cantares fueron escritos durante el tiempo de 1 de Reyes, y así por el estilo.

Para usar una analogía hemos preparado una tabla similar de la historia de los Estados Unidos. Imagínese que lee un libro de historia estadounidense en busca de su principal hilo histórico. Él le dará los principales períodos en la historia de los EE.UU. Algunos de ellos pueden estar asociados con un poeta o escritor destacado o un filósofo de renombre. Los poetas corresponderían a los poetas de Israel, y los filósofos corresponderían a los profetas bíblicos.

Cronología de la historia de los EE.UU.

Poetas/escritores

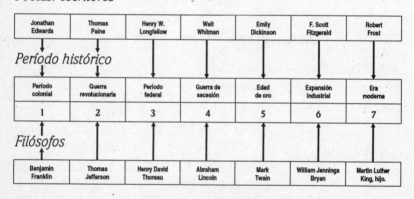

Jonathan Edwards	Thomas Paine	Henry W. Longfellow	Walt Whitman	Emily Dickinson	F. Scott Fitzgerald	Robert Frost

Período histórico

Período colonial	Guerra revolucionaria	Período federal	Guerra de secesión	Edad de oro	Expansión industrial	Era moderna
1	2	3	4	5	6	7

Filósofos

Benjamin Franklin	Thomas Jefferson	Henry David Thoreau	Abraham Lincoln	Mark Twain	William Jennings Bryan	Martin Luther King, hijo.

El Nuevo Testamento

En los veintisiete libros del Nuevo Testamento *hay también tres clases diferentes:* libros históricos, epístolas paulinas y las epístolas generales. Los históricos son los cuatro Evangelios y los Hechos de los Apóstoles. Las epístolas fueron escritas a varios individuos o congregaciones de iglesias. Las epístolas paulinas fueron cartas escritas por el apóstol Pablo. Las epístolas generales fueron cartas escritas a individuos o congregaciones por varias personas, de aquí su nombre más bien genérico de epístolas generales. El contenido principal de todas las epístolas es la instrucción acerca de la doctrina y el estilo de vida cristianos.

¿Qué clase de información esperaría usted encontrar en los libros históricos? .... *¡historia!*

¿Qué tipo de información esperaría usted encontrar en las epístolas paulinas? .... *¡instrucción!*

¿Qué clase de información esperaría usted encontrar en las epístolas generales? .... *¡instrucción!*

En el Nuevo Testamento:

... los cinco primeros libros son libros históricos,
... los tres siguientes son epístolas paulinas, y
... los nueve restantes son epístolas generales.

Las tres clases de libros en el Nuevo Testamento

Históricos	*Epístolas paulinas*	*Epístolas generales*
Mateo	A IGLESIAS:	Hebreos
Marcos	Romanos	Santiago
Lucas	1 Corintios	1 Pedro
Juan	2 Corintios	2 Pedro
Hechos	Gálatas	1 Juan
	Efesios	2 Juan
	Filipenses	3 Juan
	Colosenses	Judas
	1 Tesalonicenses	Revelación
	2 Tesalonicenses	
	A INDIVIDUOS:	
	1 Timoteo	
	2 Timoteo	
	Tito	
	Filemón	

Si usted quiere leer la historia de Jesús y de la iglesia que Él estableció, debe leer los primeros cinco libros del Nuevo Testamento. Estos forman el marco histórico para la comprensión del Nuevo Testamento entero.

Si desea leer sobre la instrucción del apóstol Pablo a iglesias e individuos, debe leer los siguientes trece libros.

Si quiere leer sobre la instrucción a las iglesias e individuos por parte de hombres como los apóstoles Pedro y Juan, debe leer los nueve libros finales del Nuevo Testamento.

Referencias

Para hallar algo en la Biblia usted debe usar un sistema normal de referencias. Este consiste en el nombre del libro de la Biblia, el número del capítulo seguido por un punto, y luego el número del versículo (cada capítulo está dividido en versículos numerados). Por ejemplo:

Génesis 1.1 =   Génesis   1.   1
                (libro)   (capítulo)   (versículo)

Cuando vea una referencia tal como Josué 1.21, o bien tendrá que memorizar los libros de la Biblia para saber dónde está Josué, o puede mirar en la tabla de contenido. Vale la pena memorizar los libros; si lo hace, es más fácil lograrlo de acuerdo a sus categorías.

Por ejemplo, usted sabe que hay tres tipos de libros tanto en el Antiguo Testamento (históricos, poéticos y proféticos) como en el Nuevo Testamento (históricos, epístolas paulinas y epístolas generales), y cuántos hay en cada sección. Memorice los primeros diecisiete libros históricos. Luego, cuando ya los haya memorizado, aprenda los cinco libros poéticos, y así sucesivamente. Este sistema es mucho más fácil que intentar memorizar una lista ininterrumpida de sesenta y seis libros.

Resumen

1. Hay 39 libros en el Antiguo Testamento.
    Hay 27 libros en el Nuevo Testamento.
    Hay 66 libros en toda la Biblia.

2. El Antiguo Testamento es la historia de Dios y del pueblo hebreo, sus poetas y sus profetas.

    Hay tres clases de libros en el Antiguo Testamento:

        17 libros históricos
         5 libros poéticos
        17 libros proféticos.

3. El Nuevo Testamento es la historia de Jesús de Nazaret, la iglesia que Él fundó y de su crecimiento bajo el liderazgo de sus apóstoles después de su muerte.

    Hay tres clases de libros en el Nuevo Testamento:

    > 5 libros históricos
    > 13 epístolas paulinas
    > 9 epístolas generales.

Autoevaluación

La Biblia:

¿Cuántos libros tiene? El Antiguo Testamento _____

El Nuevo Testamento _____

La Biblia entera _____

El Antiguo Testamento:

El Antiguo Testamento es la historia de D_____ y del pueblo h_____, sus poetas y sus profetas.
Hay tres clases de libros en el Antiguo Testamento:

> Libros h_____ ,
> Libros p_____ y
> Libros p_____ .

Hay_____ libros históricos.
Hay_____ libros poeticos.
Hay_____ libros proféticos.

El Nuevo Testamento:

El Nuevo Testamento es la historia de J_____ , la
i_____ que Él fundó, y su crecimiento bajo el liderazgo
de sus a _____s después de su muerte.

Hay tres clases de libros en el Nuevo Testamento:

> Libros h_____ ,
> Epístolas p_____ y
> Epístolas g_____ .

Hay _____ libros históricos.
Hay _____ epístolas paulinas.
Hay _____ epístolas generales.

¡Felicitaciones! Ha comenzado bien. Al pasar de lo general a lo específico usted puede edificar su conocimiento de la Biblia como hileras de ladrillos en una casa, y en veinte y nueve días más su edificio quedará terminado.

LA GEOGRAFÍA DEL ANTIGUO TESTAMENTO

 El tamaño de nuestro sistema solar es algo que está más allá de nuestra comprensión. Para tener alguna perspectiva, imagínese que está en medio de la Llanura de Bonneville Salt, sin que se vea nada sino una mesa plana y lisa en kilómetros y kilómetros a la redonda. Allí usted coloca una pelota playera de cincuenta centímetros de diámetro para representar al sol. A fin de tener una idea de la inmensidad de nuestro sistema solar, camine una distancia como de una calle a otra y coloque en el suelo una semilla de mostaza para el primer planeta, Mercurio. Avance la misma distancia y coloque un guisante pequeño para Venus. Recorra la misma distancia y coloque un guisante mediano para representar la Tierra. A otra distancia igual, coloque otra semilla de mostaza para representar a Marte. Luego aviente un poco de semillas de hierba alrededor, para formar el cinturón de asteroides.

Ahora hemos recorrido la distancia de cuatro calles, tenemos una pelota playera (el sol), una semilla de mostaza (Mercurio), un guisante pequeño (Venus), un guisante mediano (la Tierra), otra semilla de mostaza (Marte), y las semillas de hierba (el cinturón de asteroides). Ahora las cosas empiezan a extenderse. Recorra ahora la distancia de otras cuatro calles más. Coloque una naranja en el suelo, por Júpiter. Avance medio kilómetro y coloque una pelota de golf, para Saturno.

Ahora ajústese sus zapatos deportivos y verifique su comodidad. Luego camine un kilómetro y medio, y deje caer una bolita de cristal para Urano. Avance otro kilómetro y medio y coloque allí una cereza para Neptuno. Después camine por otros tres kilómetros y ponga en el suelo otra bolita de cristal, para Plutón.

Finalmente, súbase en un aeroplano y mire hacia abajo. En una superficie plana de unos quince kilómetros de diámetro aproximadamente tenemos una pelota de playa, una semilla de mostaza, un guisante pequeño, un guisante mediano, otra semilla de mostaza, un poco de semilla de hierba, una naranja, una pelota de golf, una bolita de cristal, una cereza y otra bolita de cristal.

Para comprender aún mejor nuestra réplica del sistema solar, use otra pelota playera para representar a Alfa Centauro, la estrella más cercana a nuestro sol. Usted tendría que avanzar otros 10,000 kilómetros, ¡y colocarla en el Japón!

Comprender el tamaño y la ubicación de las cosas, así como su relación y la distancia entre ellas, nos brinda una perspectiva. Al igual que este ejemplo nos da una perspectiva del sistema solar, el conocimiento de la geografía puede darnos una perspectiva de los sucesos de la Biblia. Esto es provechoso para saber los nombres, lugares y distancias entre los importantes lugares geográficos. En el caso de la Biblia examinamos la superficie de la información sin comprensión o visualización, de modo que se hace menos interesante y poco entendible.

El que ignora la geografía no puede conocer la historia. La Biblia es mayormente historia. De modo que para empezar a dominar la historia de la Biblia, debemos empezar con su geografía.

Masas de agua

Los puntos principales de anclaje para dominar la geografía de la Biblia son los masas de agua. *(Cuando lea cada descripción vaya al mapa de trabajo e inserte el nombre del cuerpo de agua junto al número correspondiente.)*

1. El Mar Mediterráneo

La tierra del Antiguo Testamento yace al oriente de esta hermosa masa de agua.

2. El Mar de Galilea

Dar el nombre de mar a esta masa de agua parece ser una exageración. Es un lago de agua dulce que mide diez kilómetros de ancho y veinte de largo. Está tierra adentro, como a cincuenta kilómetros del Mediterráneo.

3. El Río Jordán

Corriendo al sur y partiendo del Mar de Galilea, el río Jordán recorre como noventa kilómetros, a vuelo de pájaro, para desembocar en el Mar Muerto. Muchos se sorprenden por la cantidad de historia que ha girado en torno a un río tan pequeño (en muchos sentidos).

4. El Mar Muerto

El Mar Muerto yace en «el fondo del mundo» como una gigantesca salchicha con un mordisco en su tercio inferior. Es el punto más bajo de la tierra, casi cien metros por debajo del nivel del mar en su punto más bajo de modo que las aguas fluyen hacia él, pero no las deja salir. Como resultado el agua ha desarrollado depósitos de alto contenido mineral, por lo que no sustenta ninguna forma de vida, ni animal ni vegetal. De ahí el nombre de Mar Muerto.

5. El Río Nilo

Tal vez el más famoso del mundo, el Nilo atraviesa el corazón de Egipto, esparciéndose como muchos dedos y desembocando en los brazos abiertos del Mediterráneo.

6. Los ríos Tigris y (7.) Éufrates

Estos ríos gemelos fluyen por casi mil quinientos kilómetros cada uno antes de unirse y depositan su tesoro en el Golfo Pérsico.

8. El Golfo Pérsico

Estas tres masas de agua, el Tigris, el Éufrates y el Golfo Pérsico, forman el límite más oriental de las tierras del Antiguo Testamento. El Tigris y el Éufrates fluyen a través de Irak en la actualidad, mientras que el Golfo Pérsico separa a Irán de Arabia Saudita.

Mapa de trabajo

Masas de agua del Antiguo Testamento

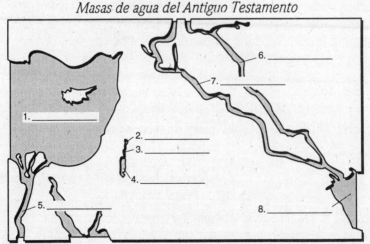

Lugares

Con el recuadro geográfico ofrecido por las masas de agua, podemos ubicar los lugares que son relevantes en el Antiguo Testamento. *(Cuando lea la descripción de cada lugar, inserte su nombre junto a la letra correspondiente en el «Mapa de trabajo para lugares» que sigue.)*

A. El huerto del Edén

Es imposible determinar la ubicación exacta del huerto del Edén, donde todo empezó. Sin embargo, estaba cerca de la confluencia de cuatro ríos, dos de los cuales eran el Tigris y el Eufrates.

B. Canaán/Israel/Palestina

Este diminuto pedazo de tierra, que yace entre la costa del Mediterráneo y el Mar de Galilea, el río Jordán y el Mar Muerto, cambia de nombre a través del Antiguo Testamento. En Génesis se le llama *Canaán*. Después que los hebreos se establecieron en la tierra, en el libro de Josué, se le llegó a conocer como *Israel*. Ochocientos años más tarde, al principio del Nuevo Testamento, se le llama *Palestina*.

C. Jerusalén

Ubicada al borde del espaldón noroccidental del Mar Muerto, esta ciudad, enclavada en las montañas centrales de Israel, es tan central en la historia del Antiguo Testamento que debe ser considerada e identificada aparte. Es la capital de la nación de Israel.

D. Egipto

Egipto, la *gran dama* de la civilización antigua, juega un papel importante en la historia del Antiguo Testamento.

E. Asiria

Ubicada en las cabeceras del Tigris y del Éufrates, este gran poder mundial es notable en el Antiguo Testamento por conquistar el reino del norte de Israel, y por esparcir su gente a los cuatro vientos.

F. Babilonia

Otro poder mundial, gigantesco e histórico; esta nación fabulosa, aun cuando de corta existencia, conquistó a Asiria. También subyugó al reino del sur, Judá, ciento cincuenta años después de que Asiria conquistó el reino del norte, Israel. Se halla en Mesopotamia, entre el Tigris y el Eufrates. (Mesopotamia significa «en medio de» [meso], «ríos» [potamos].)

G. Persia

La última superpotencia histórica del Antiguo Testamento se ubica en la orilla norte del Golfo Pérsico. Persia entra en juego al conquistar a Babilonia, y al permitir a los hebreos regresar del cautiverio, reconstruir la ciudad de Jerusalén y restaurar la adoración en el templo.

Si estas notas históricas son extrañas para usted, no se preocupe mucho por ahora. En lugar de eso, conténtese con aprender estos lugares de modo que, conforme se desenvuelve la historia, sus nombres puedan tener algún significado para usted.

Mapa de trabajo para lugares
Lugares del Antiguo Testamento

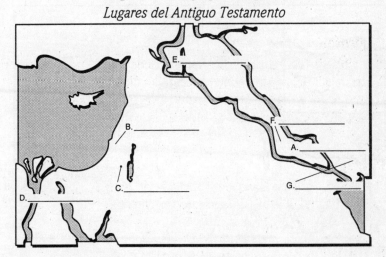

Ahora compare el mapa antiguo que acaba de completar, con el mapa actualizado de la misma región que se halla en la siguiente página.

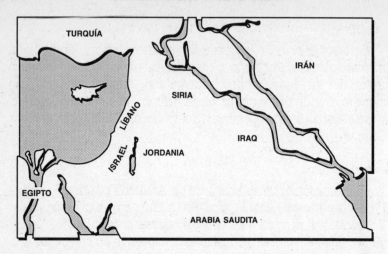

También será de provecho colocar en perspectiva esta informa-
ción respecto al Antiguo Testamento, observando cómo el mapa del
Antiguo Testamento se compara con uno superpuesto del estado de
Texas.

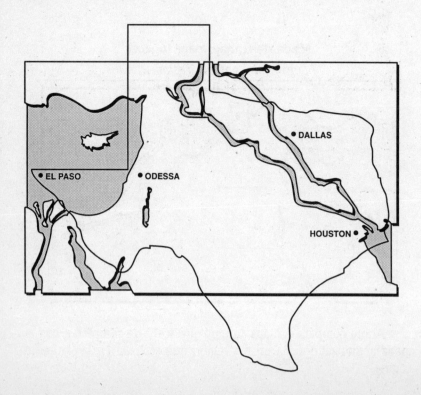

Toda la tierra del Antiguo Testamento tiene aproximadamente el mismo tamaño que el estado de Texas. Viajar desde el Golfo Pérsico hasta Israel sería lo mismo que ir de Houston a Odessa. Viajar de Israel a Egipto es como ir desde Odessa hasta El Paso. Si tiene esto presente conforme se desenvuelva la historia bíblica, esto le ayudará a tener la perspectiva geográfica.

Repaso
La geografía del Antiguo Testamento

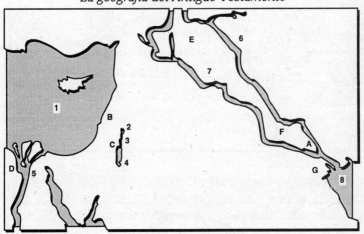

Repase tanto las ocho masas de agua como los siete lugares escribiendo los números o letras junto a los nombres correspondientes a continuación.

MASAS DE AGUA	LUGARES
_____ Mar Mediterráneo	_____ Edén
_____ Mar de Galilea	_____ Israel
_____ Río Jordán	_____ Jerusalén
_____ Mar Muerto	_____ Egipto
_____ Río Nilo	_____ Asiria
_____ Río Tigris	_____ Babilonia
_____ Río Éufrates	_____ Persia
_____ Golfo Pérsico	

Autoevaluación
La geografía del Antiguo Testamento

Como ejercicio final, llene de memoria las líneas en blanco. (Recuerde, las líneas con números son masas de agua, y con letras son lugares.)

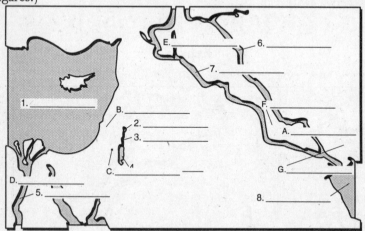

¡*Excelente!* Su conocimiento de la geografía del Antiguo Testamento le capacitará para comprender y visualizar la historia que se desarrolla en ellos. Usted acaba de dominar una sección importante.

Respuestas
La geografía del Antiguo Testamento

E. Asiria

6. *Río Tigris*

7. *Río Éufrates*

1. *Mar Mediterráneo*

F. Babilonia

B. Israel

2. *Mar de Galilea*

A. Edén

3. *Río Jordán*

D. Egipto

4. *Mar Muerto*

G. Persia

C. Jerusalén

5. *Nilo*

8. *Golfo Pérsico*

TRES

LOS LIBROS HISTÓRICOS

Al volar desde Los Ángeles a Portland, uno recorre las sierras Cascadas a todo lo largo. Desde más de diez mil metros de altura es difícil captar la perspectiva para determinar cuáles son los picos más altos de las montañas.

Un día, a fines de octubre pasado, realicé ese vuelo. El aire estaba fresco, después de una ligera nevada, y el acertijo de cómo diferenciar la altura de los picos fue solucionado. La nieve cae solamente en las elevaciones de aproximadamente dos mil metros o más. Al volar sobre ellas, sin que importara cuán cerca o cuán lejos estaba, fue fácil determinar cuáles eran los picos más altos. Eran los que tenían nieve.

Al empezar a mirar las historias del Antiguo Testamento veremos solamente los picos más altos, aquellos que tienen la nieve encima.

Para hacerlo será útil continuar con la analogía de la historia de los Estados Unidos. Si la condensara omitiendo los poetas y los filósofos, usted tomaría los principales períodos de la historia, vinculándolos con la figura central de cada era y añadiría la ubicación principal. En forma de tabla, se vería algo así como lo que sigue:

Cronología de la historia de los EE.UU.

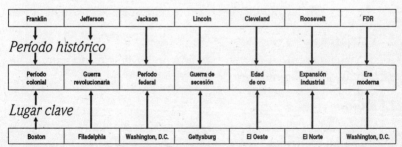

Personaje clave

Franklin	Jefferson	Jackson	Lincoln	Cleveland	Roosevelt	FDR

Período histórico

Período colonial	Guerra revolucionaria	Período federal	Guerra de secesión	Edad de oro	Expansión industrial	Era moderna

Lugar clave

Boston	Filadelphia	Washington, D.C.	Gettysburg	El Oeste	El Norte	Washington, D.C.

Incluya un breve resumen de la historia de la era, y la historia de los Estados Unidos podría verse en una tabla, tal como la que sigue:

Historia de los Estados Unidos

ERA	PERSONAJE CLAVE	LUGAR	HECHO HISTÓRICO
Colonial	*Franklin*	*Boston*	Como las trece colonias deseaban la independencia, Franklin dirige la formulación de la estrategia necesaria.
Revolución	*Jefferson*	*Filadelfia*	Jefferson redacta la «Declaración de Independencia».
Etc.	*Etc.*	*Etc.*	Etc.

El mismo método puede usarse para condensar la historia de la Biblia, colocando en una tabla los períodos (o eras) principales, los personajes centrales, los lugares más importantes y un resumen de la historia. Los hechos históricos de la Biblia pueden ser divididos en doce eras fundamentales, con un personaje central y un lugar principal para cada una de ellas. Nueve se hallan en el Antiguo Testamento y tres en el Nuevo.

En este capítulo trataremos solamente con el Antiguo Testamento, y completaremos sólo los tres primeros aspectos de la tabla: las eras fundamentales, los personajes centrales y los lugares principales. El resumen de la historia y los sucesos del Nuevo Testamento se añadirán en los siguientes capítulos.

Las nueve eras fundamentales del Antiguo Testamento

1. Creación

La *creación* del mundo y del hombre, y los sucesos más tempranos.

2. Patriarcas

El nacimiento del pueblo hebreo por medio de una familia de *patriarcas,* que cubre un período de doscientos años.

3. Éxodo

El *éxodo* del pueblo hebreo al ser librado de los cuatrocientos años de esclavitud en Egipto.

4. Conquista

La *conquista* de la tierra prometida por parte del pueblo hebreo a su regreso de Egipto.

5. Jueces

Un período de cuatrocientos años durante los cuales Israel está bajo el gobierno de líderes llamados *jueces*.

6. Reino

Otro período de cuatrocientos años durante los cuales Israel llega a ser una nación con todas las de la ley, gobernada por una *monarquía*.

7. Exilio

Un período de setenta años durante los cuales los líderes de Israel vivieron en el exilio, habiendo sido conquistados por naciones extranjeras.

8. Regreso

El regreso de los judíos exiliados a Jerusalén para reconstruir la ciudad y el templo.

9. Silencio

Un período final de cuatrocientos años entre la conclusión del Antiguo Testamento y la apertura del Nuevo Testamento.

Siguiendo el modelo de la tabla de la historia de los Estados Unidos, empecemos a hacer la tabla de la historia del Antiguo Testamento.

Historia del Antiguo Testamento

ERA	PERSONA	LUGAR	HECHO HISTÓRICO
Creación *Patriarcas* *Éxodo* *Conquista* *Jueces* *Reino* *Exilio* *Regreso* *Silencio*	Más adelante	Más adelante	Más adelante

Otra manera de ayudarnos a recordar la secuencia histórica de la Biblia es visualizar las eras fundamentales con símbolos, como en el arco de la historia de la Biblia.

Arco de la historia de la Biblia

1.	Creación	5.	Jueces	9.	Silencio
2.	Patriarca	6.	Reino	10.	*Se dará*
3.	Éxodo	7.	Exilio	11.	*más*
4.	Conquista	8.	Regreso	12.	*adelante*

Repaso

Escriba, en la línea en blanco, la era que corresponde a cada descripción.

OPCIONES:	ERA:	DESCRIPCIÓN:
Exilio *Jueces*	_____	La *creación* del mundo y del hombre, y los sucesos más tempranos.
Creación *Reino* *Patriarcas* *Conquista*	_____	El nacimiento del pueblo hebreo por medio de una familia de *patriarcas,* que cubre un período de doscientos años.
Regreso *Silencio* *Éxodo*	_____	El *éxodo* del pueblo hebreo al ser librado de los cuatrocientos años de esclavitud en Egipto.

ERA: DESCRIPCIÓN:

_____ La *conquista* de la tierra prometida por parte del pueblo hebreo a su regreso de Egipto.

_____ Un período de cuatrocientos años durante los cuales Israel está bajo el gobierno de líderes llamados *jueces.*

_____ Otro período de cuatrocientos años durante los cuales Israel llega a ser una nación con todas las de la ley, gobernada por una *monarquía.*

_____ Un período de setenta años durante los cuales los líderes de Israel vivieron en el *exilio,* habiendo sido conquistados por naciones extranjeras.

_____ El *regreso* de los judíos exiliados a Jerusalén para reconstruir la ciudad y el templo.

_____ Un período final de cuatrocientos años entre la conclusión del Antiguo Testamento y la apertura del Nuevo Testamento.

Los nueve personajes centrales del Antiguo Testamento

ERA:	PERSONAJE:	DESCRIPCIÓN:
Creación	Adán	El primer *hombre*
Patriarcas	Abraham	El primer *patriarca*
Éxodo	Moisés	El líder del *éxodo*
Conquista	Josué	El líder del *ejército* de Israel
Jueces	Sansón	El *juez* más famoso
Reino	David	El *rey* israelita más conocido
Exilio	Daniel	El principal *profeta* en el exilio
Regreso	Esdras	El líder central del *regreso*
Silencio	Fariseos	Los líderes *religiosos*

Repaso

(Llene la línea en blanco.)

ERA:	PERSONAJE:	DESCRIPCIÓN:
Creación	Adán	El primer _____
Patriarcas	Abraham	El primer _____
Éxodo	Moisés	El líder del _____
Conquista	Josué	El líder del _____ de Israel
Jueces	Sansón	El _____ más famoso
Reino	David	El _____ israelita más conocido
Exilio	Daniel	El principal _____ en el exilio
Regreso	Esdras	El líder central del _____
Silencio	Fariseos	Los líderes _____

(Combine la era con el personaje clave.)

ERA:	DESCRIPCIÓN:	OPCIONES:
Creación	_____	*Moisés*
Patriarcas	_____	*Daniel*
Éxodo	_____	*Abraham*
Conquista	_____	*Josué*
Jueces	_____	*Fariseos*
Reino	_____	*Esdras*
Exilio	_____	*David*
Regreso	_____	*Sansón*
Silencio	_____	*Adán*

Ahora añadiremos el personaje central a nuestra tabla de historia.

Historia del Antiguo Testamento

ERA	PERSONA	LUGAR	HECHO HISTÓRICO
Creación	Adán	Se dará más adelante	Se dará más adelante
Patriarcas	Abraham		
Éxodo	Moisés		
Conquista	Josué		
Jueces	Sansón		
Reino	David		
Exilio	Daniel		
Regreso	Esdras		
Silencio	Fariseos		

Nuestra tarea final es identificar el lugar geográfico general o específico de los sucesos de las principales eras del Antiguo Testamento. Empezando con la Creación y Adán, como ejercicio para memorizar, lea la descripción del lugar de cada una de las eras y escriba en cada una de ellas la era principal y la figura histórica central.

Los nueve lugares principales del Antiguo Testamento

ERA:	PERSONAJE:	LUGAR:	DESCRIPCIÓN:
1. _____ _____		Edén	El jardín del Edén, en donde Adán es creado. Cerca de la confluencia de los ríos Tigris y Eufrates.
2. _____ _____		Canaán	Abraham emigra desde Ur, cerca del Edén, a Canaán, en donde él y otros patriarcas vivieron hasta el tiempo de la esclavitud en Egipto.
3. _____ _____		Egipto	Durante una severa hambruna los israelitas emigran a Egipto y son esclavizados por cuatrocientos años antes de su éxodo a la libertad.
4. _____ _____		Canaán	Josué dirige la conquista de la tierra prometida en Canaán.
5. _____ _____		Canaán	Los israelitas viven en Canaán bajo un sistema tribal informal, gobernados por jueces los cuatrocientos años siguientes.
6. _____ _____		Israel	Con la formación de una monarquía formal, se designa a la tierra con el nombre nacional de *Israel*.

ERA:	PERSONAJE:	LUGAR:	DESCRIPCIÓN:
7. _____ _____		Babilonia	En razón del juicio debido a la corrupción moral nacional, Israel es conquistada por naciones extranjeras, obligando finalmente a sus líderes a setenta años de exilio en Babilonia.
8. _____ _____		Jerusalén	A los israelitas exiliados se les permite regresar a Jerusalén para reconstruir la ciudad y el templo, aun cuando permanecen bajo el dominio de Persia.
9. _____ _____		Jerusalén	Aun cuando el dominio de la tierra cambia de Persia a Grecia y a Roma, a Israel se le permite adorar en Jerusalén sin interrupción por los siguientes cuatrocientos años de «silencio».

Junto con la era fundamental y el personaje central, ahora podemos añadir el lugar principal a nuestra tabla.

Historia del Antiguo Testamento

ERA	PERSONA	LUGAR	HECHO HISTÓRICO
Creación	Adán	Edén	Se dará más
Patriarcas	Abraham	Canaán	adelante
Éxodo	Moisés	Egipto	
Conquista	Josué	Canaán	
Jueces	Sansón	Canaán	
Reino	David	Israel	
Exilio	Daniel	Babilonia	
Regreso	Esdras	Jerusalén	
Silencio	Fariseos	Jerusalén	

Arco de la historia bíblica

(Escriba los nombres de las eras. Para verificar sus respuestas, véase el apéndice.)

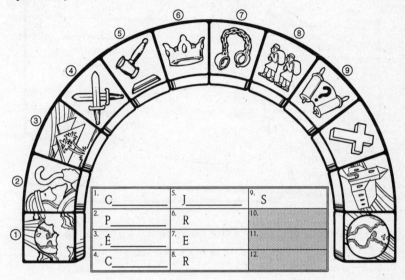

1. C_____	5. J_____	9. S
2. P_____	6. R	10.
3. É_____	7. E	11.
4. C_____	8. R	12.

Repaso

En el mapa que sigue dibuje flechas para mostrar el movimiento durante las eras fundamentales del Antiguo Testamento que acaba de aprender. Empiece en Edén y trace una flecha al siguiente lugar, según cambie: Edén a Canaán, a Egipto, a Canaán, a Babilonia, a Jerusalén.

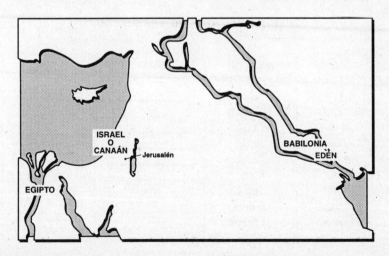

Su mapa debe verse, básicamente, como el siguiente:

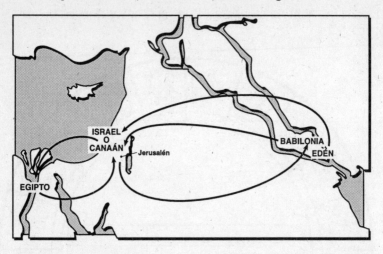

De las opciones dadas, llene las líneas en blanco en la tabla que sigue, combinando el lugar con la era y el personaje central. (Un lugar puede usarse más de una vez.)

Babilonia   Edén   Israel

Canaán   Egipto   Jerusalén

Historia del Antiguo Testamento

ERA	PERSONAJE	HECHO HISTÓRICO	LUGAR
Creación	Adán	_____	Se dará más
Patriarcas	Abraham	_____	adelante.
Éxodo	Moisés	_____	
Conquista	Josué	_____	
Jueces	Sansón	_____	
Reino	David	_____	
Exilio	Daniel	_____	
Regreso	Esdras	_____	
Silencio	Fariseos	_____	

Ahora usted está listo para empezar el dominio final de una tabla muy crítica. Una vez que domine este cuadro habrá avanzado una gran distancia en su comprensión del panorama del Antiguo Testamento. Llene los espacios en blanco.

Historia del Antiguo Testamento

ERA	PERSONAJE	LUGAR	HISTORIA
Creación	Adán	_____	Se dará más
Patriarcas	_____	Canaán	adelante.
_____	Moisés	Egipto	
Conquista	Josué		
Jueces	_____	_____	
_____	David	Canaán	
Exilio	Daniel	Israel	
Regreso	_____	_____	
_____	Fariseos	Jerusalén	
		Jerusalén	

Autoevaluación

Por último, llene la siguiente tabla de memoria. Sería más fácil si comienza con las eras, luego las figuras centrales y después los lugares. (Para revisar sus respuestas véase el apéndice para completar la tabla de la historia de la Biblia.)

Historia del Antiguo Testamento

ERA	PERSONAJE	LUGAR	HISTORIA
_____	_____	_____	Se dará más
_____	_____	_____	adelante
_____	_____	_____	
_____	_____	_____	
_____	_____	_____	
_____	_____	_____	

¡Felicitaciones! Acaba de dar un gran paso para dominar un vistazo del Antiguo Testamento. De ahora en adelante seremos más y más específicos, pero usted ha colocado un buen cimiento sobre el cual edificar en los capítulos sucesivos.

LA ERA DE LA CREACIÓN

(Génesis 1–11)

Muy lejos de la tierra de siempre, en las distantes curvas del universo, yacen campos extraños y fantásticos, que no se parecen en nada, ni siquiera, a nuestros sueños más extravagantes. Ocultos en las barreras del tiempo y del espacio, han vivido para siempre fuera del alcance del hombre, desconocidos e inexplorados.

Pero ahora, justo ahora, los velos cósmicos han empezado a descorrerse un ápice. El hombre ha tenido sus primeras vislumbres de los dominios una vez secretos, y sus extrañas conductas le han dejado estupefacto. Desafían sus conceptos básicos de materia y energía. Junto con Alicia en el País de las Maravillas, él dice: «Uno no puede creer en cosas imposibles».

E imposible, en verdad, parecen ser. En aquellos parajes del universo, en aquellos mundos asombrosos, hay lugares distantes...

en donde una cucharadita de materia pesa tanto como doscientos millones de elefantes...

En donde una diminuta estrella que gira se enciende y se apaga treinta veces por segundo...

en donde un diminuto objeto misterioso brilla con el resplandor de diez mil billones de soles...

en donde la materia y la luz son continuamente absorbidas por voraces agujeros negros, para nunca ser vistas de nuevo.

No es menuda sorpresa que el finado científico británico J. B. S. Haldane pudo decir: «El universo es no sólo más extraño de lo que suponemos, sino más extraño de lo que podemos suponer».

Solíamos pensar que el universo era simplemente nuestra galaxia de la Vía Láctea. Hoy sabemos que las galaxias son tan comunes como las hojas de hierba en una pradera. Su número asciende tal vez a cien mil millones.

¿Cómo comprende uno el increíble tamaño de este universo lleno de galaxias? Para distancias tan asombrosas los científicos y astrónomos piensan en términos de tiempo, y usan el telescopio como una máquina de tiempo. Miden el espacio con una unidad llamada el año luz, la distancia que la luz viaja en un año, a una velocidad de 300,000 kilómetros por segundo; es decir, alrededor de seis mil billones de kilómetros. (De *National Geographic,* mayo de 1974).

Si usted pudiera disparar un rifle cuya bala viajara alrededor del mundo a la velocidad de la luz, daría la vuelta y pasaría frente a usted ¡siete veces por segundo!

El misterio y la enormidad de nuestro universo, tal vez más que cualquier otra cosa, capta nuestra imaginación e incita en nosotros una fascinación respecto al tema de la creación. Hay incontables cosas desconocidas, e igual número de «increíbles». Al empezar a explorar la era de la creación adoptaremos un modelo que seguiremos por todo lo que resta de esta sección:

I.   Usted revisará la era principal, el personaje central y el lugar principal que aprendió en el último capítulo.

II. Leerá un breve sumario de la historia de los acontecimientos de esa era, girando alrededor del personaje central, con un tema en tres palabras de cada sumario en cursivas. Luego se le pedirá que repase esas tres palabras para llenar las líneas en blanco.

III. Leerá una ampliación del resumen de sucesos de esa era.

I. Repaso: Llene las líneas en blanco para esta era.

Historia del Antiguo Testamento

ERA	PERSONAJE	LUGAR	RESUMEN HISTÓRICO
_____	_____	_____	A completarse en este capítulo.

II. Resumen histórico: Adán es creado por Dios, pero *peca* y *destruye* el *plan* original de Dios para el hombre.

ERA	RESUMEN HISTÓRICO
Creación	Adán es creado por Dios, pero _____ y _____ el _____ original de Dios para el hombre.

III. Ampliación: Hay cuatro sucesos principales dentro de la era de la creación. Son los relatos de:

1. La creación
2. La caída
3. El diluvio
4. La Torre de Babel.

1. La creación: El hombre creado a imagen de Dios (Génesis 1–2)

Después de una dramática exhibición de poder al crear los cielos y la tierra, Dios crea al hombre. Adán y Eva son creados a imagen de Dios, en perfecta comunión y armonía con Él. Viviendo en un escenario idílico en el huerto del Edén, son individuos de gran belleza e inteligencia. La «imagen» no es una semejanza física, sino personal y espiritual. El hombre tiene intelecto, emoción y voluntad. Tiene un sentido normal del bien y del mal. Es un ser creativo. Estas son algunas de las características de Dios de las cuales el hombre es partícipe, y en este sentido, *el hombre es creado a imagen de Dios.*

2. La caída: El pecado entró en el mundo (Génesis 3)

Satanás, apareciendo en forma de serpiente, seduce a Adán y Eva a rebelarse contra Dios y violar la única prohibición que les había impuesto: no comer del árbol de la ciencia del bien y del mal. Son arrojados fuera del huerto del Edén, y se impone una maldición sobre la tierra. Cuando Adán y Eva se rebelan *el pecado entra en el mundo.* Todo el dolor, todo el mal, todo el sufrimiento que azota a la humanidad en todo el tiempo puede ser trazado a partir de ese acto singular, que es, por consiguiente, apropiadamente llamado la «caída» del hombre.

3. El diluvio: Juicio por el pecado (Génesis 6–10)

Por los siguientes varios siglos, conforme el hombre se multiplica en número, así se multiplica su tendencia a pecar, hasta que llega el tiempo cuando Dios sólo puede hallar ocho personas que estén dispuestas a vivir en una relación recta con Él: Noé, su esposa, sus tres hijos y sus esposas. Así que, en *juicio por el pecado*, Dios realiza una cirugía en la raza humana, extirpando el tejido canceroso, por así decirlo, y dejando el tejido sano para que se recuperara. Lo hace enviando un diluvio por todo el mundo que destruye a la humanidad, exceptuando a Noé y su familia, quienes se salvan en el arca.

4. La torre: Principio de las naciones (Génesis 11).

El mandato de Dios al hombre después del diluvio fue que se esparciera, que poblara y subyugara a toda la tierra. En directa desobediencia a ese mandamiento el hombre se queda en un solo lugar y empieza a construir un monumento a sí mismo, la Torre de Babel. Dios hace que esta numerosa congregación de personas empiece a hablar diferentes idiomas. La falta de comunicación les impide continuar progresando en la torre, y la gente de cada lengua se dispersa a los cuatro puntos cardinales de la tierra, dando forma *al principio de las naciones* del mundo como las conocemos hoy.

Autoevaluación

A. Los cuatro sucesos principales de la era de la creación

(Seleccione el suceso correcto de las opciones dadas a la izquierda y escríbalo en la línea en blanco.)

OPCIONES:	SUCESO:	DESCRIPCIÓN:
Creación	_____	Juicio por el pecado
Caída	_____	Principio de las naciones
Diluvio	_____	El pecado entró en el mundo
Torre	_____	El hombre a imagen de Dios.

B. Resumen histórico:

(Llene los espacios en blanco de memoria.)

ERA	RESUMEN HISTÓRICO
Creación	Adán es creado por Dios, pero _____ y _____ el _____ original de Dios para el hombre.

C. Arco de la historia bíblica

(Escriba el nombre de la era. Para verificar su respuesta véase el Apéndice.)

D. Geografía de la era de la creación

(Trace un círculo indicando la posible ubicación del Edén.)

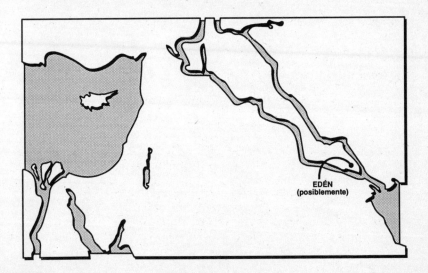

E. Historia del Antiguo Testamento

(Llene los espacios en blanco.)

ERA	RESUMEN HISTÓRICO
Creación	Adán es creado por Dios, pero _____ y _____ el _____ original de Dios para el hombre.

CINCO

LA ERA DE LOS PATRIARCAS

(Génesis 12–50)

Cualquier padre reconoce que controlar a los hijos es una tarea difícil e incierta.

El sicólogo Henry Brandt cuenta la ocasión cuando él y su esposa invitaron al presidente de la universidad a que fuera a su casa para cenar. Estaban nerviosos, y habían invertido considerable tiempo preparando la casa y la comida para dar una buena impresión. Cuando el presidente llegó se tropezaban entre sí tratando de hacer que se sintiera en casa. Al momento de comer lo hicieron sentar junto a su hija de dos años. Fue un error. Durante la comida la pequeña le dijo al presidente, en su vocecita como de pájaro: «Por favor, páseme la sal». Nadie le prestó atención; estaban escuchando al presidente. De modo que lo intentó de nuevo: «¿Me haría el favor de pasarme la sal?» Era fácil que los adultos ignoraran su vocecita, ya que se esforzaban por atender cada palabra del presidente. Finalmente, golpeó al distinguido huésped en el brazo, mientras gritaba: «¡Pásame la sal, o te daré una bofetada!»

Incluso un presidente de los Estados Unidos se quedó perplejo por las travesuras de su hija. Alicia Roosevelt, hija de Teodoro Roosevelt, era una niña indómita cuyas travesuras escandalizaron a la almidonada «sociedad» de Washington durante el mando de su padre en la Casa Blanca. Cuando un visitante objetó que la niña entrara y saliera a su antojo de la oficina del presidente mientras estaba tratando un importante asunto con su padre, Roosevelt dijo: «Puedo ser presidente de los Estados Unidos, o puedo controlar a Alicia. No me es posible hacer ambas cosas».

La era de los patriarcas fue un tiempo de hombres piadosos presidiendo una familia que crecía. Abraham, Isaac, Jacob y José, generaciones sucesivas de la misma familia, gobernaron al pueblo hebreo en los primeros días de su existencia.

En más de una ocasión Abraham debe haber sentido un poco como Brandt o Roosevelt. Sus descendientes no se comportaban de la manera que él quería. La pasión por Dios y lo que Él deseaba hacer en y por intermedio del pueblo hebreo ardía como una llamarada en el corazón de Abraham. Pero la llama menguó en sucesivas generaciones. Sin embargo, el tiempo de esclavitud en Egipto aguzó el hambre espiritual del pueblo hebreo, y emergió así una gran familia, que llegó a ser una gran nación.

I. Repaso: Llene los espacios en blanco para actualizar la tabla con esta era.

Historia del Antiguo Testamento

ERA	PERSONAJE	LUGAR	RESUMEN HISTÓRICO
_____	_____	_____	Adán es creado por Dios, pero _____ y _____ el _____ original de Dios para el hombre.
_____	_____	_____	A completarse en este capítulo.

II. Resumen histórico: *Abraham* es *escogido* por Dios para ser el «padre» de un *pueblo* que *represente* a Dios ante el mundo.

ERA	RESUMEN
Patriarcas:	*Abraham* es _____ por Dios para ser el «padre» de un _____ que _____ a Dios ante el mundo.

III. Ampliación: Hay cuatro hombres principales en la era de los patriarcas:

1. Abraham
2. Isaac
3. Jacob
4. José

1. Abraham: Padre del pueblo hebreo (Génesis 12–23)

Debido al pecado de Adán y la caída del hombre, la atención de Dios ahora se enfoca en un plan de redención para la humanidad. Él quiere un pueblo por medio del cual pueda obrar para producir un reflejo de sí mismo, y a través del cual pueda esparcir su mensaje de redención al mundo. Escoge a Abraham, quien llega a ser el *padre del pueblo hebreo,* y le promete una nación (tierra), incontables descendientes (simiente), y un impacto mundial e interminable (bendición). En este tiempo Abraham está viviendo en Ur, cerca de la confluencia de los ríos Tigres y Eufrates. Dios le dirige a la tierra de Canaán, en donde se establece y tiene dos hijos, Ismael e Isaac.

2. Isaac: Segundo padre de la promesa (Génesis 24–26)

Isaac llega a ser el *segundo padre de la promesa* como cumplimiento de las promesas dadas a Abraham. Presencia varios milagros importantes en su vida. Vive en la tierra de Abraham, prospera, y muere de vejez después de haber procreado dos hijos, Esaú y Jacob.

3. Jacob: Padre de la nación de Israel (Génesis 27–35)

Las promesas dadas a Abraham pasan por Isaac a Jacob, el hijo menor de Isaac. Jacob empieza su vida como un pícaro engañador. Sin embargo, por medio de una serie de milagros y otros encuentros con Dios, vuelve sobre sus pasos y enmienda sus caminos. Jacob tiene doce hijos, y las promesas dadas a Abraham pasan a ellos como familia. Aunque Abraham es el padre del pueblo hebreo, Jacob es *el padre de la nación de Israel,* ya que cada uno de sus hijos llega a ser el padre de una de las doce tribus que componen la nación de Israel.

4. José: Líder en Egipto (Génesis 37–50)

Las promesas dadas a Abraham son aceptadas con más entusiasmo por el onceavo hijo de Jacob, José. Los demás, en su mayoría, demuestran tener muy poco compromiso al llamado de Dios como nación. Venden a José como esclavo, quien es llevado a Egipto. Debido a la rectitud de José, asciende hasta ser un gran *líder en Egipto.* Durante una severa hambruna su familia viene a Egipto en busca de alimentos, se reúne nuevamente con José, y como resultado, disfrutan de paz y comodidad. Cuando José muere, sin embargo, su pueblo es esclavizado por los siguientes cuatrocientos años. Este tiempo de prueba aguza el hambre espiritual del pueblo hebreo, y clama a Dios por liberación.

Autoevaluación

A. Hombres principales de la era de los patriarcas

(Escriba el nombre correcto, escogiendo de las opciones dadas a la izquierda.)

OPCIONES:	NOMBRE:	DESCRIPCIÓN:
Abraham	_____	Padre de la nación de Israel
Isaac	_____	Líder en Egipto
Jacob	_____	Padre del pueblo hebreo
José	_____	Segundo padre de la promesa

B. Resumen histórico:

(Llene los espacios en blanco de memoria.)

ERA	RESUMEN
Patriarcas:	*Abraham* es _____ por Dios para ser el «padre» de un _____ que _____ a Dios ante el mundo.

C. Arco de la historia bíblica

(Escriba los nombres de las eras. Para verificar sus respuestas véase el Apéndice.)

1. C_____	5.	9.
2. P_____	6.	10.
3.	7.	11.
4.	8.	12.

D. Geografía de la era de los patriarcas

(Trace una flecha desde Ur, en donde vivía Abraham, a Canaán, y de Canaán a Egipto, para representar los movimientos geográficos de la era de los patriarcas.)

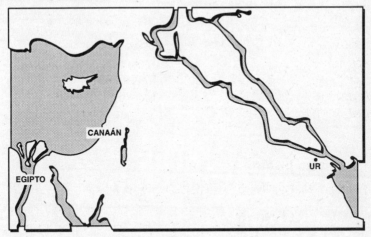

E. Historia del Antiguo Testamento

(Llene los espacios en blanco.)

ERA	PERSONAJE	LUGAR	RESUMEN HISTÓRICO
_____	_____	_____	Adán es creado por Dios, pero _____ y _____ el _____ original de Dios para el hombre.
_____	_____	_____	Abraham es _____ por Dios para ser el «padre» de un _____ que _____ a Dios ante el mundo.

SEIS

LA ERA DEL ÉXODO

(Éxodo–Deuteronomio)

 El éxodo fue un movimiento masivo de los israelitas al salir de la esclavitud en Egipto y regresar a la tierra prometida de Canaán. No fue un movimiento fácil. El faraón de Egipto no quería dejarlos ir, y los amenazó con represalias militares. Los milagros que Dios realizó durante este tiempo se hallan entre los más espectaculares de los registrados en la Biblia: el río Nilo se convirtió en sangre, cayados de pastores se convirtieron en serpientes, el primogénito de toda familia egipcia murió, y el Mar Rojo se dividió para permitir que los israelitas cruzaran por tierra seca, escapando del ejército egipcio.

Algunas veces las películas han mostrado ese acontecimiento como una minúscula pandilla de nómadas vagando por el desierto, acampando bajo palmeras y cantando cantos folclóricos hebreos alrededor de una fogata. Este cuadro difícilmente podría estar cerca de la verdad. El libro de Números nos dice que cuando los israelitas salieron de Egipto había seiscientos mil hombres de guerra, también había seiscientas mil mujeres que podían tomar armas. Eso hace 1,200,000. Cada una de esas familias tendría por lo menos dos hijos. Eso hace otros 1,200,000. Estaban además, los hombres que eran demasiado viejos como para empuñar las armas, y sus esposas. Había, hablando conservadoramente, entre dos y medio y tres millones de personas que salieron de Egipto durante este «éxodo».

Esta no fue una minúscula tribu de nómadas deambulando por el desierto. Esta fue una nación en movimiento. Mire al estado de Texas en un mapa, e imagínese la ciudad de Dallas empezando a avanzar sobre el mapa, y usted tendrá una idea de la magnitud del éxodo. Cuando usted añade todos los animales que llevaron con ellos para alimento y leche, tanto como para sacrificios, ¡esto adquiere el carácter de una horda! En lugar de buscar un sitio bajo una palmera para acampar, tenían que buscar un valle de treinta kilómetros cuadrados. Cuando se alinearon para cruzar el Mar Rojo, lo que se requirió fue mucho más que un pequeño sendero. Si cruzaron el Mar Rojo en escuadras de cien, contando los animales, la columna se hubiera extendido tal vez más de ochenta kilómetros a lo largo del desierto.

Dejando a un lado las creencias personales, esto se cuenta como uno de los hechos históricos del mundo antiguo, fue un acontecimiento sobre el cual Moisés presidió. Para tener un mejor concepto de los detalles específicos del éxodo, revisaremos ahora nuestros capítulos previos y luego veremos los cuatro sucesos principales de esta era.

I. **Repaso:** Llene los espacios en blanco para actualizar la tabla con esta era. Para verificar sus respuestas, véase el Apéndice.

Historia del Antiguo Testamento

ERA	PERSONAJE	LUGAR	RESUMEN HISTÓRICO
____	____	____	Adán es creado por Dios, pero ____ y ____ el ____ original de Dios para el hombre.
____	____	____	Abraham es ____ por Dios para ser el «padre» de un ____ que ____ a Dios ante el mundo.
____	____	____	A completarse en este capítulo.

II. Resumen histórico: *Moisés libra* al pueblo hebreo de la *esclavitud* en Egipto y les da la *Ley*.

ERA	RESUMEN
Éxodo	*Moisés* _____ al pueblo hebreo de de la _____ en Egipto y les da la _____.

III. Ampliación: Hay cuatro sucesos principales en la era del éxodo:

1. Liberación
2. La Ley
3. Cades-barnea
4. Cuarenta años de peregrinaje

1. Liberación: Libertad de la esclavitud en Egipto
(Éxodo 1–18)

Los hebreos habían languidecido bajo la esclavitud en Egipto, durante cuatrocientos años, cuando clamaron a Dios pidiendo liberación. Dios levantó a Moisés como su portavoz ante Faraón, el gobernador de Egipto, pidiendo la libertad espiritual para el pueblo hebreo. Faraón rehusó, y una serie de diez plagas es impuesta sobre Egipto para hacer que deje ir al pueblo. Las plagas van de mal en peor: desde ranas, piojos, agua convertida en sangre, a la muerte del primogénito de toda familia en Egipto. Finalmente Faraón consiente en dejar que los hebreos salgan de allí. Después que se fueron, cambia su parecer e intenta recapturarlos. Ya han llegado al Mar Rojo cuando Dios lo abre y el pueblo hebreo cruza al otro lado. Las aguas vuelven a juntarse, protegiéndolos del ejército egipcio, y *libertándolos de la esclavitud en Egipto*. Dios, por supuesto, tenía sólo un destino para ellos: la tierra prometida de Canaán... la tierra «que fluye leche y miel». La tierra en donde su padre Abraham se había establecido la primera vez sería de nuevo su hogar.

2. La Ley: Los mandamientos de Dios en el Monte Sinaí
(Éxodo 19–40)

El pueblo hebreo ahora empieza a tomar una identidad nacional como Israel. Del Mar Rojo los israelitas viajaron hacia el sur, hacia el extremo de la península del Sinaí, y acamparon en el Monte Sinaí. Allí recibieron *los mandamientos de Dios.* Moisés se encontró a solas con Dios en la cumbre del monte, en donde recibió los Diez Mandamientos escritos en tablas de piedra por el dedo de Dios. Moisés también recibió una completa revelación de la Ley que gobernaría la vida nacional de Israel tanto como su relación con Dios. Dios promete bendecirlos abundantemente por la obediencia, y maldecirlos rigurosamente por la desobediencia.

3. Cades-barnea: El lugar de rebelión contra Dios
(Números 10–14)

Israel deja el Monte Sinaí y avanza hacia el norte, a un oasis, Cades-barnea, que es la entrada sur a la tierra prometida. Desde este punto estratégico se envían doce espías a la tierra prometida, uno por cada una de las doce tribus de Israel. La tierra está habitada por los cananeos, quienes no mirarán con buenos ojos a la horda israelita regresando a la tierra. Cuando los espías regresan tienen buenas y malas noticias. Las buenas noticias son que la tierra *es* hermosa y exuberante: «que fluye leche y miel». Las malas son que hay gigantes y ejércitos hostiles por toda la tierra. Diez espías informan que es inconquistable (a pesar del hecho de que Dios les había prometido darles la victoria sobre cualquier fuerza que se les opusiera). Dos espías, Josué y Caleb, exhortan al pueblo a creer en Dios y a entrar en la tierra. El pueblo cree el informe de la mayoría y rehúsa seguir a Moisés para entrar en la tierra. Así, esto llega a conocerse como *el lugar de rebelión contra Dios.*

4. Cuarenta años de peregrinaje: Consecuencias de la rebelión contra Dios (Números 20–36)

Como *consecuencia de rebelarse contra Dios* en Cades-barnea, la generación del «éxodo» es condenada a deambular en el desierto hasta que muera toda persona que en ese momento tenía veinte años o más. En los cuarenta años que siguieron subió al liderazgo una nueva generación, dispuesta a seguir a sus líderes entrando a la tierra. Moisés los guía hacia el norte del Mar Muerto, cerca a Jericó, la entrada oriental a la tierra prometida. Anima al pueblo, les da la instrucción adicional que se halla en el libro de Deuteronomio, y luego muere.

Autoevaluación

A. Cuatro sucesos principales en la era del éxodo

(Escriba el nombre correcto, de las opciones indicadas a la izquierda.)

OPCIONES:	ACONTECIMIENTO:	DESCRIPCIÓN:
Liberación	_____	Los mandamientos de Dios en el Monte Sinaí
La Ley	_____	Lugar de rebelión contra Dios
Cades-barnea	_____	Consecuencia de rebelarse contra Dios
Cuarenta años de peregrinaje	_____	Libertad de la esclavitud de Egipto

B. Resumen histórico: *Moisés libra* al pueblo hebreo de la *esclavitud* en Egipto y les da la *Ley*.

ERA	RESUMEN
Éxodo	*Moisés* _____ al pueblo hebreo de la _____ en Egipto y les da la _____.

C. Arco de la historia bíblica

(Escriba los nombres de las eras.)

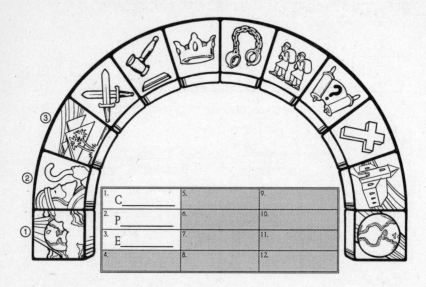

1. C_____	5.	9.
2. P_____	6.	10.
3. E_____	7.	11.
4.	8.	12.

D. Geografía de la era del éxodo

(Trace una flecha desde Egipto, a través del Mar Rojo, al Monte Sinaí, a Cades-barnea, y luego hasta el extremo norte del Mar Muerto, en el lado oriental del río Jordán. Esto representa el movimiento geográfico de la era del Éxodo.)

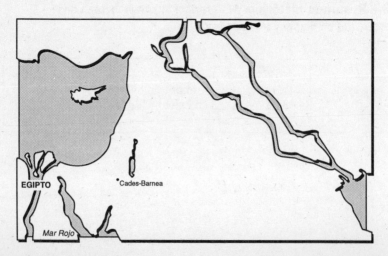

E. Historia del Antiguo Testamento

(Llene los espacios en blanco.)

ERA	PERSONAJE	LUGAR	RESUMEN HISTÓRICO
_____	_____	_____	Adán es creado por Dios, pero _____ y _____ el _____ original de Dios para el hombre.
_____	_____	_____	Abraham es _____ por Dios para ser el «padre» de un _____ que _____ a Dios ante el mundo.
_____	_____	_____	Moisés _____ al pueblo hebreo de la _____ en Egipto y les da la _____.

SIETE

LA ERA DE LA CONQUISTA

(Josué)

 Los días eran lúgubres en verdad para la Gran Bretaña en 1940. El pueblo británico estaba en guerra contra Alemania, y de todos lados los presionaba la maquinaria de guerra nazi. Las provisiones escaseaban y la moral andaba por el suelo. Su destino nacional colgaba de un hilo. Entonces entró en escena un nuevo primer ministro: Winston Churchill. Era un hombre de intensa convicción, profunda resolución y optimismo inextinguible. Sus discursos, en los primeros meses de su mandato, irrumpieron en el mundo con poder repentino y magnífico. En uno de ellos leemos:

Formar una administración a esta escala y complejidad es una tarea muy seria en sí misma, pero debe recordarse que estamos en la etapa preliminar de una de las más grandes batallas de la historia, que estamos en acción en muchos puntos de Noruega y Holanda, que tenemos que estar preparados en el Mediterráneo, que la batalla aérea es continua, y que muchas preparaciones han de hacerse aquí en casa. Le diría a la casa, como les he dicho a los que se han unido a este gobierno: No tengo nada que ofrecer, a no ser sangre, trabajo, lágrimas y sudor.

¿Me preguntan por nuestra política? Les diré: Librar la guerra por mar, tierra y aire con todas nuestras fuerzas y con toda la fuerza que Dios pueda darnos: librar la guerra contra un tirano monstruoso, jamás sobrepasado en el tétrico y lamentable catálogo del crimen humano. Esta es nuestra política. Me preguntan: ¿cuál es nuestra meta? Puedo responder con una sola palabra: Victoria; victoria a cualquier costo, victoria a pesar del terror; victoria por largo y arduo que sea el camino; porque sin victoria no hay supervivencia.

Tengo, yo mismo, plena confianza de que si todos cumplen con su deber, si nada queda al descuido, y si se hacen los mejores arreglos,

como se los está haciendo, demostraremos una vez más que somos
capaces de defender nuestra isla... de capear la tormenta de la guerra,
y de vivir más que la amenaza de la tiranía. Incluso cuando grandes
sectores de Europa y muchos otros estados antiguos y famosos han
caído y tal vez caerán en las garras de la Gestapo y de todo el odioso
aparato del gobierno nazi, no claudicaremos ni fallaremos. Iremos hasta
el fin, lucharemos en Francia, lucharemos en los mares y océanos,
lucharemos con confianza y poderío creciente en el aire, defenderemos
nuestra isla, cueste lo que cueste, lucharemos en las playas, lucharemos
en la tierra de desembarco, lucharemos en los campos y en las calles,
lucharemos en los montes; jamás nos rendiremos.

Después del éxodo las circunstancias también eran peligrosas para
los israelitas. Habían deambulado por el desierto por cuarenta años
debido a la rebelión e incredulidad en Cades-barnea. Ahora estaban en
Jericó, y la prueba era la misma. ¿Resolverían avanzar, o se achicarían
ante las circunstancias como lo habían hecho sus padres?

La tarea de reunir y dirigir al pueblo recayó sobre Josué. Moisés,
el gran líder de los últimos cuarenta años, ya había muerto. ¿Seguiría
el pueblo a Josué? ¿O rechazaría su liderazgo? Así como Inglaterra
enfrentaba una encrucijada cuando Churchill llegó a ser su líder, así
también los israelitas enfrentaban una bifurcación crítica en su camino.

I. Repaso: Llene los espacios en blanco para actualizar la tabla con
esta era.

Historia del Antiguo Testamento

ERA	PERSONAJE	LUGAR	RESUMEN HISTÓRICO
_____	_____	_____	Adán es creado por Dios, pero el _____ y _____ el _____ original de Dios para el hombre.
_____	_____	_____	Abraham es _____ por Dios para ser el «padre» de un _____ que _____ a Dios ante el mundo.

ERA	PERSONAJE	LUGAR	RESUMEN HISTÓRICO
_____	_____	_____	Moisés _____ al pueblo hebreo de la _____ en Egipto y les da la _____.
			A completarse en este capítulo.

II. Resumen histórico: *Josué* dirige la *conquista* de la *tierra prometida.*

ERA	RESUMEN
Conquista:	*Josué* dirige _____ de la _____ _____ .

III. Ampliación: Hay cuatro sucesos principales en la era de la conquista.

1. Jordán
2. Jericó
3. Conquista
4. Dominio

1. Jordán: Una división milagrosa del agua (Josué 1–5)

Moisés muere, y Dios selecciona personalmente a Josué para sucederle. El primer reto a Josué es el cruce del río Jordán, en la era de desborde. Dios le ordena que prepare a la nación para una procesión ceremonial, y que empiecen a andar, los sacerdotes primero, hacia el río Jordán. Cuando los sacerdotes toquen el agua, Dios abriría las aguas para ellos. (Esta es la segunda *«división milagrosa de las aguas»* que Dios realizó para Israel. La primera fue la división del Mar Rojo.) El pueblo responde, y Dios abre el río Jordán por una distancia de aproximadamente treinta kilómetros. Cruzan sin incidente, y las aguas vuelven a fluir.

2. Jericó: La conquista milagrosa de una ciudad (Josué 6)

La ciudad de Jericó, un pequeño oasis en la orilla oeste del río Jordán, cerca del Mar Muerto, no sólo es la única entrada a la tierra prometida, sino que también es una ciudad fortificada y presenta una amenaza al bienestar de Israel. Josué es un brillante estratega militar, al punto de que sus campañas en la Biblia las estudian hoy en la Universidad de Guerra del Ejército. Al hallarse frente a la ciudad, contemplando cómo conquistarla, el ángel del Señor le aparece y le instruye a que marche alrededor de la ciudad una vez diariamente por siete días. En el séptimo día debe marchar alrededor de ella por siete veces, y gritar. La muralla de la ciudad caerá. Lo hicieron, y así ocurrió... *¡la conquista milagrosa de una ciudad!*

3. Conquista: La derrota de Canaán (Josué 7–12)

Los cananeos se unieron en su aborrecimiento de los israelitas, pero no en su oposición militar a ellos. Principalmente la región se caracterizaba por reyes individuales, cada uno con su propia ciudad y tierra aledaña. Josué entra por el medio, hacia el Mediterráneo. Habiendo dividido la tierra, luego empieza a conquistar, de sur a norte. En aproximadamente siete años *la derrota de Canaán* es total.

4. Dominio: Completar el dominio (Josué 13–20)

A cada una de las doce tribus de Israel se les da un espacio de la tierra, por suerte, y es responsable por *finalizar el dominio* de esa área. Todas las tribus habitan en su área y establecen una relación federal informal con las demás.

Autoevaluación

A. Cuatro sucesos principales de la era de la conquista

(Escriba el suceso correcto de las opciones que se dan a la izquierda.)

OPCIONES:	ACONTECIMIENTO:	DESCRIPCIÓN:
Jordán	_____	Derrota de Canaán
Jericó	_____	El agua dividida milagrosamente
Conquista	_____	Completar el dominio
Dominio	_____	La conquista milagrosa de una ciudad

B. Resumen histórico: (Llene los espacios en blanco de memoria.)

ERA	RESUMEN
Conquista:	*Josué* dirige _____ de la _____ _____ .

C. Arco de la historia bíblica (Escriba los nombres de las eras. Para verificar sus respuestas, véase el Apéndice.)

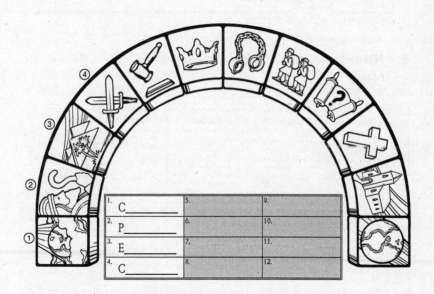

1. C_____	5.	9.
2. P_____	6.	10.
3. E_____	7.	11.
4. C_____	8.	12.

D. Geografía de la era de la conquista

(Trace una flecha desde Jericó hasta el mar Mediterráneo. Luego otra hacia la mitad sur de la tierra. Ahora dibuje una hacia la mitad norte de la tierra. Esto representa el movimiento geográfico en la era de la conquista.) *(Véase la parte superior de la página siguiente.)*

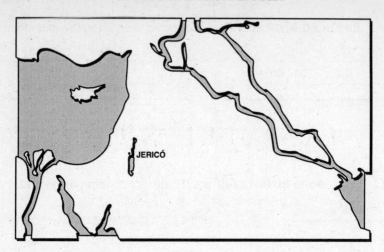

JERICÓ

E. Historia del Antiguo Testamento (Llene los espacios en blanco.)

ERA	PERSONAJE	LUGAR	RESUMEN HISTÓRICO
_____	_____	_____	Adán es creado por Dios, pero _____ y _____ el _____ original de Dios para el hombre.
_____	_____	_____	Abraham es _____ por Dios para ser el «padre» de un _____ que _____ a Dios ante el mundo.
_____	_____	_____	Moisés _____ al pueblo hebreo de la _____ en Egipto y les da la _____.
_____	_____	_____	Josué dirige _____ de la _____.

OCHO

LA ERA DE LOS JUECES

(Jueces–Rut)

MUJER EN HARAPOS, BASURA, REVELADA COMO HEREDERA

Así se leía el titular del *San Francisco Chronicle* respecto a una mujer conocida como «María Basura» que fue recogida en un centro comercial en la playa Delray, Florida. Daba la apariencia de ser simplemente una pordiosera más, cuya mente se había trastornado. Los vecinos contaban historias de cómo rebuscaba alimento en las latas de basura, y lo almacenaba en su automóvil y en su apartamento de dos piezas. Había montones de basura en su apartamento, atiborrada en el refrigerador, la estufa, el fregadero, los anaqueles y la tina del baño. Había senderos por entre la basura. Aparte de la única en la cocina, no había ninguna otra silla en donde sentarse, debido a que la basura estaba apilada en ellas.

La policía finalmente la identificó como la hija de un abogado bien acomodado y director de un banco en Illinois, que había fallecido varios años atrás. Además de la basura, la policía encontró acciones de la compañía petrolera Mobil, por valor de más de cuatrocientos mil dólares, documentos que indicaban que era propietaria de campos petroleros en Kansas, papeles fiduciarios de firmas tales como U.S. Steel, Uniroyal y Squibb, así como libretas de ocho jugosas cuentas de ahorros.

María Basura era una millonaria que le encantaba vivir como una pordiosera. Riqueza indecible estaba a su alcance, y sin embargo ella rebuscaba los recipientes de basura antes que tomar posesión de lo que le pertenecía por derecho.

El paralelo entre María Basura e Israel durante el tiempo de los jueces es asombroso. Fue un período oscuro, en verdad, en la historia del pueblo judío. Había perdido sus anclajes espirituales y, como se registra en el versículo final del libro de los Jueces, «cada uno hacía lo que bien le parecía». El resultado fue de bancarrota moral, social y espiritual, por casi cuatrocientos años. Israel tenía a su disposición toda la riqueza de las promesas de Dios. Sin embargo, andaban rebuscando en la basura de la vida, arañando una existencia lamentable. Pudieran haber sido reyes, pero vivían como pordioseros.

I. **Repaso:** Llene los espacios en blanco para actualizar la tabla con esta era.

Historia del Antiguo Testamento

ERA	PERSONAJE	LUGAR	RESUMEN HISTÓRICO
_____	_____	_____	Adán es creado por Dios, pero _____ y _____ el _____ original de Dios para el hombre.
_____	_____	_____	Abraham es _____ por Dios para ser el «padre» de un _____ que _____ a Dios ante el mundo.
_____	_____	_____	Moisés _____ al pueblo hebreo de la _____ en Egipto y les da la _____.
_____	_____	_____	Josué dirige _____ de la _____.
			A completarse en este capítulo.

II. Resumen histórico: Sansón y otros fueron escogidos como *jueces* para *gobernar* al pueblo por *cuatrocientos años* de rebelión.

ERA	RESUMEN
Jueces:	*Sansón* y otros fueron escogidos como _____ para _____ al pueblo por _____ años de rebelión.

III. Ampliación: Hay cuatro temas principales en la era de los jueces:

1. Jueces
2. Rebelión
3. Ciclos
4. Rut

1. Jueces: Los líderes de Israel (Jueces)

Como se ve en el libro de los Jueces, éstos no son hombres que vestían largas togas negras, sentados en curules elevadas, y tomando decisiones legales. Más bien son *líderes* políticos y militares *de Israel* que ejercieron poder casi absoluto debido a su posición y capacidades. Los cuatro jueces principales son:

- Débora, asignada al principio de la era de los jueces.
- Gedeón, que derrotó a un ejército de miles con solamente trescientos hombres.
- Sansón, el juez más famoso, cuya fuerza fabulosa ha captado nuestra imaginación por miles de años.
- Samuel, un personaje transicional tenido en alta estima en las Escrituras, que fue tanto el último juez como el primer profeta.

2. Rebelión: Quebrantamiento de la Ley de Dios (Jueces)

El libro de los Jueces registra el período más oscuro de la historia de Israel, que siguió a una de las eras más brillantes: la era de la conquista bajo Josué. Justo antes de morir Moisés instruye a Israel (en Deuteronomio 7.1-5) a hacer tres cosas:

1. Destruir a todos los habitantes de Canaán.
2. Evitar casarse con los cananeos.
3. Huir de la adoración a los dioses cananeos.

Israel falló en los tres aspectos. *El quebrantamiento de la Ley de Dios* y el registro de la subsecuente degradación moral de Israel, es en verdad triste.

3. Ciclos: Repetición de las desventuras de Israel (Jueces)

Mucho de la era de los jueces incluye una serie de siete ciclos que se registran en el libro de los Jueces. Cada ciclo tiene cinco componentes: (1) los «pecados» de Israel, (2) Dios los disciplina mediante la «conquista» militar por parte de una nación vecina, (3) Israel «se arrepiente» y clama a Dios liberación, (4) Dios levanta un juez que los «liberta» de la opresión, y (5) Dios «libra» a la tierra de la opresión militar mientras aquel juez vive. Ese es un ciclo: pecado, conquista, arrepentimiento, liberación y libertad. Entonces, cuando el juez muere, *la repetición de las desventuras* de Israel empieza de nuevo. Los israelitas vuelven a caer en el pecado, seguido de la conquista, seguido de arrepentimiento, etc. En el libro de los jueces se registran siete de estos ciclos.

4. Rut: Una mujer modelo (Rut)

Destacándose en refrescante contraste al trasfondo general de la era de los jueces está Rut, a quien se describe en el libro que lleva su nombre. Esta *mujer modelo* que vive durante la era de los jueces es un ejemplo de fortaleza moral y espiritual. Su historia es de amor, pureza y consagración. Es una ilustración viviente de las bendiciones que Dios derrama sobre los que viven en fiel obediencia a Él. Un ejemplo de las bendiciones de Dios sobre Rut es que ella, una persona que no es hebrea, es incluida en el linaje de Abraham a Jesús.

Autoevaluación

A. Cuatro temas principales en la era de los jueces

(Escriba el tema correcto de las opciones indicadas a la izquierda.)

OPCIONES:	ACONTECIMIENTO:	DESCRIPCIÓN:
Jueces	_____	Una mujer modelo
Rebelión	_____	Líderes de Israel
Ciclos	_____	Quebrantamiento de la Ley de Dios
Rut	_____	Repetición de las desventuras de Israel

B. Resumen histórico:

(Llene los espacios en blanco de memoria.)

ERA	RESUMEN
Jueces:	*Sansón* y otros fueron escogidos como _____ para _____ al pueblo por _____ años de rebelión.

C. Arco de la historia bíblica

(Escriba los nombres de las eras. Para verificar sus respuestas, véase el Apéndice.)

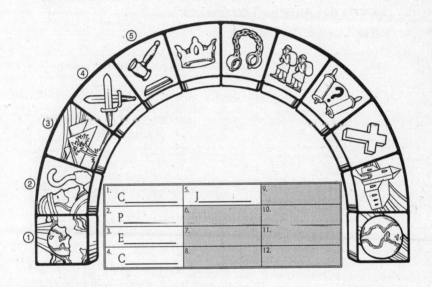

1. C_____	5. J_____	9.
2. P_____	6.	10.
3. E_____	7.	11.
4. C_____	8.	12.

D. Geografía de la era de los jueces

(Compagine los números a continuación con los espacios en blanco en el mapa, para ver las naciones conquistadas por Israel en la era de los jueces.)

1. Filistea
2. Moab
3. Mesopotamia
4. Canaán
5. Amón
6. Madián

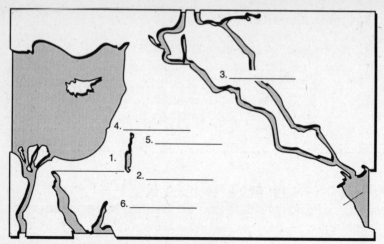

E. Historia del Antiguo Testamento

(Llene los espacios en blanco.)

ERA	PERSONAJE	LUGAR	RESUMEN HISTÓRICO
_____	_____	_____	Adán es creado por Dios, pero _____ y _____ el _____ original de Dios para el hombre.
_____	_____	_____	Abraham es _____ por Dios para ser el «padre» de un _____ que _____ a Dios ante el mundo.
_____	_____	_____	Moisés _____ al pueblo hebreo de la _____ en Egipto y les da la _____.
_____	_____	_____	Josué dirige _____ de la _____.
_____	_____	_____	Sansón y otros fueron escogidos como _____ para _____ al pueblo por _____ años de rebelión.

NUEVE

LA ERA DEL REINO
(1 Samuel–2 Crónicas)

 Si usted fuera libre para navegar por los siete mares, debería esclavizarse a la brújula. Por naturaleza el hombre desea algo que no puede tener: libertad total. Hay ciertas libertades que podemos tener, pero tienen su esclavitud correspondiente. Y hay ciertas esclavitudes que podemos tener, que nos otorgan ciertas libertades. Por ejemplo, usted puede ser libre del cepillo de dientes y esclavo de las caries, o puede esclavizarse al cepillo de dientes y estar libre de caries. No puede ser libre del cepillo de dientes y de las caries. Esa clase de libertad, libertad total, no existe.

Durante toda la vida constantemente estamos tomando decisiones, y por cada decisión, enfrentamos ciertas consecuencias ineludibles. La libertad tiene su precio.

Los reyes de Israel querían libertad total. Querían la libertad de ignorar las instrucciones que Dios les había dado respecto a cómo gobernar o librar la guerra. Pero al mismo tiempo querían la libertad de tener prosperidad económica y militar. Esto no era posible. Como resultado la era del reino fue un tiempo muy turbulento con muchos altibajos. Cuando reinaba un rey justo, la nación prosperaba. Cuando un rey malo llegaba al trono, la nación retrocedía.

Los percebes de la injusticia empezaron a incrustarse en la nave del estado de Israel, incluso antes de que los libros de la historia quedaran completos, la nación había caído en el colapso, y sufrido a manos de los vecinos que le hacían la guerra.

I. Repaso: Llene los espacios en blanco para actualizar la tabla con esta era. Para verificar sus respuestas, véase el Apéndice.

Historia del Antiguo Testamento

ERA	PERSONAJE	LUGAR	RESUMEN HISTÓRICO
_____	_____	_____	Adán es creado por Dios, pero _____ y _____ el _____ original de Dios para el hombre.
_____	_____	_____	Abraham es _____ por Dios para ser el «padre» de un _____ que _____ a Dios ante el mundo.
_____	_____	_____	Moisés _____ al pueblo hebreo de la _____ en Egipto y les da la _____.
_____	_____	_____	Josué dirige _____ de la _____.
_____	_____	_____	Sansón y otros fueron escogidos como _____ para _____ al pueblo por _____ años de rebelión.
_____	_____	_____	A completarse en este capítulo.

II. Resumen histórico: *David*, el más grande rey en la nueva monarquía, es seguido por una sucesión de reyes mayormente impíos y Dios a la larga juzga a Israel por su pecado, enviánlos al exilio.

ERA	RESUMEN
Reino:	*David,* el más grande rey en la nueva _____ , es seguido por una sucesión de reyes mayormente _____ y Dios a la larga _____ a Israel por su pecado, enviándolos al exilio.

III. Ampliación: Hay cuatro períodos principales en la era del reino:

1. Reino unido
2. División del reino
3. Reino del norte
4. Reino del sur

1. Reino unido: Una nueva monarquía (1 y 2 Samuel)

Las doce tribus de Israel, celosas de otras naciones a su alrededor, se unen para exigirle a Dios un rey. Dios permite que Samuel, el último juez, unja a Saúl como el primer rey, empezando *una nueva monarquía.* Debido a que Saúl no es un rey justo, Dios no honra su reino ni establece su familia en el trono de Israel. Su sucesor, David, aun cuando tiene sus defectos, es un rey justo, e Israel prospera bajo su mandato. El hijo de David, Salomón, llega a ser el rey a la muerte de David. Salomón gobierna justamente al principio, pero luego se aleja del Señor.

2. División del reino: Guerra civil (1 Reyes)

Como resultado del alejamiento espiritual de Salomón, a su muerte estalla *una guerra civil,* y el reino se divide. Hay ahora un reino del norte, consistiendo de diez tribus, y un reino del sur, que consiste de las tribus de Judá y Benjamín. Las diez tribus del norte retienen el nombre de «Israel», y las dos tribus del sur adoptan el nombre de «Judá», por el nombre de la tribu más numerosa.

3. Reino del norte: El reino injusto (2 Reyes)

En la guerra civil divisoria Jeroboam comanda el reino del norte de Israel. Jeroboam es impío, como los demás que le sucedieron (diecinueve en total) durante los doscientos cincuenta años de vida del reino del norte. Debido a esa injusticia Dios levantó a Asiria para que conquistara el reino del norte, y esparciera su pueblo a los cuatro vientos. *El reino injusto* nunca es restaurado.

4. Reino del sur: El reino inconsistente (2 Reyes)

Roboam, el hijo de Salomón, impera en el reino del sur, Judá. También es injusto e impío. A este reino le va un poco mejor que al del norte. Ocho reyes justos, de un total de veinte, prolongaron su vida cuatrocientos años. Sin embargo, los pecados de Judá finalmente lo alcanzaron y Dios envía juicio sobre *el reino inconsistente* levantando a Babilonia (que había conquistado a Asiria) para que lo conquiste. Babilonia reúne a todos los líderes, artesanos, músicos y jóvenes prometedores, y los lleva cautivos.

Autoevaluación

A. Cuatro temas principales en la era del reino

(Escriba el tema correcto escogiendo de las opciones que se indican a la izquierda.)

OPCIONES:	TEMA:	DESCRIPCIÓN:
Reino unido	_____	Reino injusto
Reino dividido	_____	Nueva monarquía
Reino del norte	_____	Reino inconsistente
Reino del sur	_____	Guerra civil

B. Resumen histórico: (Llene los espacios en blanco de memoria.)

ERA	RESUMEN
Reino:	*David,* el más grande rey en la nueva _____ , es seguido por una sucesión de reyes mayormente _____ y Dios a la larga _____ a Israel por su pecado, enviándolos al exilio.

C. Arco de la historia bíblica

(Escriba los nombres de las eras. Para verificar sus respuestas, véase el Apéndice.)

1. C_____	5. J_____	9.
2. P_____	6. R_____	10.
3. E_____	7.	11.
4. C_____	8.	12.

D. Geografía de la era del reino

(Trace una flecha desde Israel hasta Asiria. Dibuje otra desde Judá a Babilonia. Esto representa el movimiento geográfico durante la era del reino.)

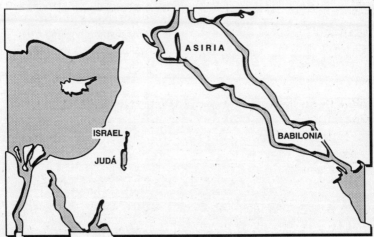

E. Historia del Antiguo Testamento

(Llene los espacios en blanco.)

ERA	PERSONAJE	LUGAR	RESUMEN HISTÓRICO
_____	_____	_____	Adán es creado por Dios, pero _____ y _____ el _____ original de Dios para el hombre.
_____	_____	_____	Abraham es _____ por Dios para ser el «padre» de un _____ que _____ a Dios ante el mundo.
_____	_____	_____	Moisés _____ al pueblo hebreo de la _____ en Egipto y les da la _____.
_____	_____	_____	Josué dirige _____ de la _____.
_____	_____	_____	Sansón y otros fueron escogidos como _____ para _____ al pueblo por _____ años de rebelión.
_____	_____	_____	David, el más grande rey en la nueva _____, es seguido por una sucesión de reyes mayormente _____ y Dios a la larga _____ a Israel por su pecado, enviándolos al exilio.

DIEZ

LA ERA DEL EXILIO

(Ezequiel–Daniel)

Es una de las leyes básicas de la física que las cosas tienden a gastarse y deteriorarse. El deterioro en las relaciones se puede ilustrar en algo tan mundano como el resfriado común. Una antigua edición de *The Saturday Evening Post* incluía esta descripción de «Las siete etapas del resfriado matrimonial»:

Etapa 1: Dulce amorcito mío: Estoy realmente preocupado por mi muchachita. Esos estornudos no son nada buenos, y nadie puede decir en qué acabarán con toda esa «gripe» que está dando por todas partes. Te voy a llevar al hospital para que te hagan un examen completo y te den un buen descanso. Sé que la comida es terrible, pero todos los días voy a llevarte la cena del restaurante Rosinni. Ya lo tengo todo arreglado con el supervisor del piso.

Etapa 2: Escucha, corazón: No me gusta el sonido de esa tos. Voy a llamar al doctor Miller para que venga de inmediato. Ahora, te vas a la cama como una niña obediente, simplemente para complacer a tu papá.

Etapa 3: Mejor te acuestas, cariño. No hay nada mejor que descansar un poco cuando uno se siente mal. Te traeré algo. ¿Tienes por allí alguna sopa enlatada?

Etapa 4: Mira, querida, sé sensata. Mejor te acuestas después que acabes de dar de comer a los niños y de lavar los platos, y de limpiar el piso.

Etapa 5: ¿Por qué no te tomas un par de aspirinas?

Etapa 6: Si tan solo hicieras gárgaras con algo en lugar de estar sentada ladrando como una foca toda la noche...

Etapa 7: ¿¡Vas a dejar de toser encima de mí!? ¿¡Estás tratando de contagiarme tu neumonía!?

Debemos reconocer que nuestras acciones tienen ciertas repercusiones en nuestras relaciones.

Un hombre atribulado estaba en la cúspide del Centro de Comercio Mundial en Nueva York, finalmente decidió saltar al vacío, y acabar con su vida. Después de haber caído un poco y estando apenas a cien pisos del suelo, se dio cuenta de que había cometido una equivocación. No estaba bien suicidarse, y lo sabía. Dijo: «Oh, Dios, si me puedes oír... lamento la necia equivocación que hice al saltar de este edificio. Me arrepiento, y quisiera saber si me puedes perdonar». Una voz replicó: «Por supuesto que te perdono. No vuelvas a pensar en eso. Jamás volveré a echártelo en cara. Y, a propósito, te veo en un instante».

El pecado es un hecho en la existencia humana. Y Dios perdona a todo el que se acerca a Él en arrepentimiento. Pero eso no cambia el hecho de que el pecado tiene consecuencias. Dios perdona al hombre por haber saltado del edificio, pero igual caerá al suelo.

Israel saboreó esta amarga realidad. Su relación con el Señor se deterioró. Vivieron en una montaña rusa de rebelión contra Él por cuatrocientos años durante la era del reino, continuamente pagando el precio. Al fin la deuda llegó a ser tan grande que el juicio llegó en forma de conquista militar. Durante el tiempo del exilio hubo algunos grandes líderes espirituales, y también arrepentimiento de parte de un segmento del pueblo judío. Sin embargo, esto no eliminó la pena por los años de rebelión y se cobró el precio completo del exilio.

I. Repaso: Llene los espacios en blanco para actualizar la tabla con esta era. Para verificar sus respuestas, véase el Apéndice.

Historia del Antiguo Testamento

ERA	PERSONAJE	LUGAR	RESUMEN HISTÓRICO
_____	_____	_____	Adán es creado por Dios, pero _____ y _____ el _____ original de Dios para el hombre.
_____	_____	_____	Abraham es _____ por Dios para ser el «padre» de un _____ que _____ a Dios ante el mundo.

ERA	PERSONAJE	LUGAR	RESUMEN HISTÓRICO
_____	_____	_____	Moisés _____ al pueblo hebreo de la _____ en Egipto y les da la _____.
_____	_____	_____	Josué dirige _____ de la _____.
_____	_____	_____	Sansón y otros fueron escogidos como _____ para _____ al pueblo por _____ años de rebelión.
_____	_____	_____	David, el más grande rey en la nueva _____, es seguido por una sucesión de reyes mayormente _____ y Dios a la larga _____ a Israel por su pecado, enviándolos al exilio.
_____	_____	_____	A completarse en este capítulo.

II. Resumen histórico: *Daniel*, por los siguientes setenta años, provee liderazgo y estimula a la fidelidad entre los exiliados.

ERA	RESUMEN
Reino:	Daniel por los siguientes setenta años, provee _____ _____ y estimula a la _____ entre los _____ _____

III. **Ampliación:** Como se mencionó en el capítulo uno, los libros principalmente proféticos contienen una parte de la historia, y este es el caso de la era del exilio. Usted notará que las referencias bíblicas para las cuatro divisiones principales de esta era incluirán a algunos de los libros proféticos. Hay cuatro divisiones principales en la era del exilio:

1. Profecía
2. Profetas
3. Exilios
4. Cambio de poder

1. Profecía: Advertencia del cautiverio que se avecina
(Jeremías)

El reino del norte, Israel, había sido conquistado por Asiria, y dispersado, en el año 722 a.C. Durante el tiempo de los sucesos descritos en 2 Reyes el reino del Sur, Judá, recibe una *advertencia del cautiverio que se avecina*, por intermedio de Jeremías (llamado «el profeta llorón»), quien profetiza que la nación será llevada cautiva por mano de los babilonios. Esto ocurre en el año 586 a.C. También profetiza acertadamente que el cautiverio durará setenta años.

2. Profetas: Estimulan la fidelidad de los exiliados
(Ezequiel y Daniel)

Hay dos profetas que escriben libros de la Biblia durante el exilio: Ezequiel y Daniel. No se sabe mucho respecto al profeta Ezequiel, puesto que su libro es más profético y no autobiográfico. Predice la restauración nacional y *estimula la fidelidad entre los exiliados.* El libro de Daniel, aun cuando es de profecía, es más biográfico. Él es un prominente líder del gobierno, así como José en Egipto. Aunque la vida personal de Daniel es un ejemplo para su pueblo, sus profecías tienden a centrarse en la futura destrucción del mundo.

3. Exilios: Asimilados en la cultura (Daniel)

El libro de Daniel también nos da una vislumbre de la vida entre los exiliados. Evidentemente los judíos son *asimilados a la cultura* a la cual fueron desterrados. Experimentaron discriminación, lo cual siempre ha sido verdad en los judíos dispersos. Sin embargo, a pesar de eso, parecen integrarse bastante bien a la sociedad, y algunos de ellos alcanzan posiciones de prominencia.

4. Cambio de poder: El imperio persa se extiende (Daniel)

Mientras los judíos están en el exilio en Babilonia, Persia llega a ser el poder militar dominante de la región. Persia conquista a Babilonia (que había conquistado a Asiria), y así gobierna no sólo su propia tierra, sino la que una vez fue dominada por Asiria y Babilonia. El *imperio persa se extiende* desde el río Tigris hasta el mar Mediterráneo.

Autoevaluación

A. Cuatro temas principales en la era del exilio

(Escriba el tema correcto escogiendo entre las opciones indicadas a la izquierda.)

OPCIONES:	TEMA:	DESCRIPCIÓN:
Profecía	_____	El imperio persa se extiende
Profetas	_____	Asimilados a la cultura
Exiliados	_____	Advertencia del cautiverio que se avecina
Cambio de poder	_____	Estimula la fidelidad de los exiliados

B. Resumen

(Llene de memoria los espacios en blanco.)

ERA	RESUMEN
Reino:	*Daniel,* por los siguientes setenta años, provee _____ y estimula a la _____ entre los _____ .

C. Arco de la historia bíblica

(Escriba los nombres de las eras.)

1. C_____	5. J_____	9.
2. P_____	6. R_____	10.
3. E_____	7. E_____	11.
4. C_____	8.	12.

D. Geografía de la era del exilio

(Trace una línea desde Babilonia hacia Asiria y un círculo alrededor de ésta. Otra desde Persia hasta Babilonia, encerrando en un círculo tanto Babilonia como Asiria. Esto representa el cambio de poder durante la era del exilio. Asiria había conquistado a Israel. Luego Babilonia conquistó a Asiria y Judá. Finalmente Persia conquistó a Babilonia y acabó gobernando a todas las demás naciones.)

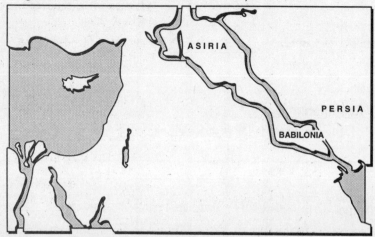

E. Historia del Antiguo Testamento

(Llene los espacios en blanco.)

ERA	PERSONAJE	LUGAR	RESUMEN HISTÓRICO
_____	_____	_____	Adán es creado por Dios, pero _____ y _____ el _____ original de Dios para el hombre.
_____	_____	_____	Abraham es _____ por Dios para ser el «padre» de un _____ que _____ a Dios ante el mundo.
_____	_____	_____	Moisés _____ al pueblo hebreo de la _____ en Egipto y les da la _____.
_____	_____	_____	Josué dirige _____ de la _____.
_____	_____	_____	Sansón y otros fueron escogidos como _____ para _____ al pueblo por _____ años de rebelión.
_____	_____	_____	David, el más grande rey en la nueva _____, es seguido por una sucesión de reyes mayormente _____ y Dios a la larga _____ a Israel por su pecado, enviándolos al exilio.
_____	_____	_____	Daniel, por los siguientes setenta años, provee _____ y estimula a la _____ entre los _____.

ONCE

LA ERA DEL REGRESO

Esdras–Ester

 A mediados de los setenta los periódicos y revistas estuvieron llenos de la historia de Peter Jenkins, quien atravesó caminando todos los Estados Unidos. Lo consumía el desencanto de su generación, y se propuso hallar su país y hallarse a sí mismo.

Su asombrosa historia es una de largas horas, días y semanas de soledad y penurias salpicadas con ocasionales sorpresas que pusieron en peligro su vida. Enfrentó el peligro del clima, accidentes, animales salvajes y la gente. Casi se muere en una tormenta de nieve, fue atacado por animales, y perseguido por hombres crueles que pudieran haberlo matado si lo hubieran alcanzado.

Muchas veces quiso cejar en su empeño. Hizo amistad con personas que restauraron su cuerpo, su alma y su fe en los Estados Unidos. Perdió su perro pero encontró una esposa, una nueva perspectiva del mundo, y un profundo aprecio por la grandiosidad de su país y su gente.

Finalmente, después de cinco largos y duros años de caminar, plantó sus pies en el océano Pacífico. Su viaje había concluido. Cuando Peter Jenkins entró en las aguas de Oregón, era una persona muy diferente a la que salió de su hogar en Alfred, Nueva York. Las pruebas, el tiempo, la soledad, la gente, y el desafío físico y mental le habían transformado. A su partida era poco más que un muchacho confundido. A su regreso, era un hombre.

El regreso de la nación de Israel después de los setenta años del cautiverio en Babilonia, en muchas maneras es paralela a la historia de Peter Jenkins. Los israelitas fueron al exilio como un pueblo, descarriado y confundido. Pasaron agonizantes años en soledad, y en tormento físico y mental. Inesperadamente fueron ministrados por hombres enviados por Dios. Ellos hicieron que Israel volviera a sus sentidos. Cuando regresaron, volvieron a enfocar su vista en su propósito como nación, listos para empezar de nuevo a adorar a Jehová: el Dios de la creación, y el Dios de Israel.

I. Repaso: Llene los espacios en blanco para actualizar la tabla con esta era.

Historia del Antiguo Testamento

ERA	PERSONAJE	LUGAR	RESUMEN HISTÓRICO
_____	_____	_____	Adán es creado por Dios, pero _____ y _____ el _____ original de Dios para el hombre.
_____	_____	_____	Abraham es _____ por Dios para ser el «padre» de un _____ que _____ a Dios ante el mundo.
_____	_____	_____	Moisés _____ al pueblo hebreo de la _____ en Egipto y les da la _____.
_____	_____	_____	Josué dirige _____ de la _____.
_____	_____	_____	Sansón y otros fueron escogidos como _____ para _____ al pueblo por _____ años de rebelión.
_____	_____	_____	David, el más grande rey en la nueva _____, es seguido por una sucesión de reyes mayormente _____ y Dios a la larga _____ a Israel por su pecado, enviándolos al exilio.

ERA	PERSONAJE	LUGAR	RESUMEN HISTÓRICO
_____	_____	_____	Daniel, por los siguientes setenta años, provee _____ y estimula a la _____ entre los _____ .
_____	_____	_____	A completarse en este capítulo.

II. **Resumen histórico:** *Esdras* **guía** al pueblo de regreso del exilio para reedificar a Jerusalén.

ERA	RESUMEN
Regreso:	*Esdras* _____ al pueblo de regreso del _____ para reedificar a _____ .

III. **Ampliación:** Hay cuatro temas principales en la era del regreso:

1. Ruina
2. Templo
3. Pueblo
4. Murallas

1. Ruina: Destrucción por la guerra y el descuido (Nehemías 1.1-3)

Durante los setenta años de cautiverio el liderazgo de Judá había sido llevado al exilio, y la ciudad de Jerusalén estaba en ruinas. No sólo la ciudad había sufrido la devastación de la campaña militar durante la conquista inicial, sino que también había caído víctima de la erosión y el descuido. La *destrucción de la guerra y el descuido* había dejado a Jerusalén en un estado de ruina abyecta.

2. Templo: Reedificación del templo (Esdras 1–6)

Dios estimuló a Ciro, rey de Persia, a que iniciara la financiación y reconstrucción del templo judío en Jerusalén. Bajo la dirección de Zorobabel, un personaje notorio judío en Persia, se empieza *la reconstrucción del templo*. Los gentiles, alrededor de Jerusalén, se opusieron considerablemente. A instancias de Hageo y Zacarías, dos profetas judíos que vivían en Jerusalén, se completa la restauración del templo.

3. Pueblo: Reedificación espiritual (Esdras 7–10)

La reconstrucción del templo es un paralelo directo de la *reconstrucción espiritual* del pueblo judío. La adoración en el templo se había interrumpido por setenta años. La mayoría de los judíos nunca habían visto u oído la Ley de Moisés. Tenían que ser instruidos en un programa de reeducación nacional. Esdras dedicó su corazón a estudiar la Ley del Señor, practicarla, y enseñar los estatutos y ordenanzas de Dios en Israel, para reedificar al pueblo a su regreso del exilio.

4. Murallas: Restauración completa (Nehemías)

Aun cuando no todos los judíos volvieron cuando pudieron (véase el libro de Ester, cuyos sucesos tienen lugar durante esta era) muchos están ahora de regreso en Jerusalén. El templo ya se yergue restaurado como la estructura dominante sobre la ciudad, pero las murallas de ella todavía están derribadas. Esto es una amenaza a la seguridad, tanto como una fuente de humillación nacional. Nehemías, otro judío destacado sirvidor de Artajerjes, rey de Persia, siente el peso de reconstruir las murallas. El rey de Persia le da permiso y lo solventa para hacerlo así. Poco tiempo después las murallas encierran a la noble ciudad de Jerusalén, sede del templo de Dios. *La restauración es completa* al ser reedificados el templo, el pueblo y las murallas.

Autoevaluación

A. Cuatro temas principales en la era del regreso

(Escriba el tema correcto, seleccionando de las opciones indicadas a la izquierda.)

OPCIONES:	TEMA:	DESCRIPCIÓN:
Ruina	_____	Reedificación espiritual
Templo	_____	Reconstrucción del templo
Pueblo	_____	Destrucción por la guerra y el descuido
Murrallas	_____	Restauración completa

B. Resumen histórico

(Llene los espacios en blanco de memoria.)

ERA	RESUMEN
Regreso:	*Esdras* _____ al pueblo de regreso del _____ para reedificar a _____ .

C. Arco de la historia bíblica

(Escriba los nombres de las eras.)

1. C_____	5. J_____	9.
2. P_____	6. R_____	10.
3. E_____	7. E_____	11.
4. C_____	8. R_____	12.

D. Geografía de la era del regreso

(Trace una flecha de Persia a Jerusalén, en el mapa que se halla a continuación para representar los movimientos geográficos durante la era del regreso.)

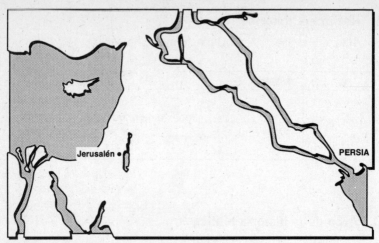

E. Historia del Antiguo Testamento

(Llene los espacios en blanco.)

ERA	PERSONAJE	LUGAR	RESUMEN HISTÓRICO
_____	_____	_____	Adán es creado por Dios, pero _____ y _____ el _____ original de Dios para el hombre.
_____	_____	_____	Abraham es _____ por Dios para ser el «padre» de un _____ que _____ a Dios ante el mundo.
_____	_____	_____	Moisés _____ al pueblo hebreo de la _____ en Egipto y les da la _____.
_____	_____	_____	Josué dirige _____ de la _____.
_____	_____	_____	Sansón y otros fueron escogidos como _____ para _____ al pueblo por _____ años de rebelión.

ERA	PERSONAJE	LUGAR	RESUMEN HISTÓRICO
_____	_____	_____	David, el más grande rey en la nueva _____ , es seguido por una sucesión de reyes mayormente _____ y Dios a la larga _____ a Israel por su pecado, enviándolos al exilio.
_____	_____	_____	Daniel, por los siguientes setenta años, provee _____ y estimula a la _____ entre los _____ .
_____	_____	_____	Esdras _____ al pueblo de regreso del _____ para reedificar a _____ .

DOCE

LA ERA DEL SILENCIO

(Entre el Antiguo y el Nuevo Testamentos)

 Un león, al cual se le subió a la cabeza su dominio de la selva, decidió cerciorarse de que todos los demás animales supieran que él era el rey de la selva. Tenía tal confianza que pasó de largo los animales más pequeños y se fue directo a ver al oso. «¿Quién es el rey de la selva?» inquirió el león. El oso replicó: «¿Y eso, a qué viene? Tú, por supuesto». El león dio un poderoso rugido de aprobación.

Luego se dirigió al tigre. «¿Quién es el rey de la selva?» rugió. El tigre rápidamente respondió: «Todo el mundo sabe que tú lo eres, oh poderoso león». El león se hinchó de orgullo.

El siguiente en la lista era el elefante. El león se enfrentó al elefante, y le planteó la pregunta: «¿Quién es el rey de la selva?» dijo desafiante. El elefante agarró al león con su trompa, le hizo dar cinco o seis volteretas en el aire, y luego lo arrojó contra un árbol. Lo pisoteó varias veces en el suelo, se sentó sobre él, lo sumergió en un lago y al fin lo tiró en la orilla.

El león, molido y lastimado, se puso de pie trabajosamente, miró, con el rabillo del ojo que le quedaba bueno al elefante, y le dijo: «Mira, sólo porque no sabes la respuesta no hay razón para que te enojes».

Los líderes religiosos de la era del silencio eran muy semejantes al león. Pretendían tener poder, y se ensoberbecieron en sí mismos. Se ha dicho que algunas personas beben de la fuente del conocimiento, mientras que otras solamente hacen gárgaras. Todo este orgullo resultó en un patrón de hipocresía religiosa que estaba conduciendo a la autodestrucción e hizo de este período uno de los más decepcionantes de la historia de la nación.

I. **Repaso:** Llene los espacios en blanco para actualizar la tabla con esta era.

Historia del Antiguo Testamento

ERA	PERSONAJE	LUGAR	RESUMEN HISTÓRICO
_____	_____	_____	Adán es creado por Dios, pero _____ y _____ el _____ original de Dios para el hombre.
_____	_____	_____	Abraham es _____ por Dios para ser el «padre» de un _____ que _____ a Dios ante el mundo.
_____	_____	_____	Moisés _____ al pueblo hebreo de la _____ en Egipto y les da la _____.
_____	_____	_____	Josué dirige _____ de la _____ .
_____	_____	_____	Sansón y otros fueron escogidos como _____ para _____ al pueblo por _____ años de rebelión.
_____	_____	_____	David, el más grande rey en la nueva _____ , es seguido por una sucesión de reyes mayormente _____ y Dios a la larga _____ a Israel por su pecado, enviándolos al exilio.
_____	_____	_____	Daniel, por los siguientes setenta años, provee _____ y estimula a la _____ entre los _____ .

ERA	PERSONAJE	LUGAR	RESUMEN HISTÓRICO
_____	_____	_____	Esdras _____ al pueblo de regreso del _____ para reedificar a _____ .
_____	_____	_____	A completarse en este capítulo.

II. Resumen histórico: Los *fariseos* y otros *sepultan* a *los israelitas* en el *legalismo* por los siguientes *cuatrocientos años*.

ERA	RESUMEN
Silencio:	Los *fariseos* y otros _____ a los _____ en el _____ por los siguientes _____ años.

III. Ampliación: Hay cuatro temas principales en la era del silencio:

1. Cambio de guardia
2. Sectas políticas
3. Sectas religiosas
4. Esperanza mesiánica

1. Cambio de guardia: La marcha de las naciones

Al cerrar el Antiguo Testamento Jerusalén está bajo el gobierno de Persia. Alejandro Magno derrota a los persas en 333 a.C., y establece la cultura y el idioma griegos como la fuerza unificadora para esa parte del mundo. Cuando muere, su reino se divide en cuatro partes, pero la cultura helénica (griega) es todavía promovida y continúa dominando. Cuando Roma conquista esa parte del mundo, sus costumbres son introducidas pero por ahora la influencia griega todavía es fuerte. *La marcha de las naciones* pasa de Persia a Grecia y a Roma.

2. Sectas políticas: Los macabeos y los zelotes

En los cuatrocientos años de silencio hay judíos militantes que intentan rebelarse contra el gobierno foráneo y hacer de Jerusalén y el área aledaña de Judea una nación independiente. Entre ellos están los *macabeos* y los *zelotes*.

3. Sectas religiosas: Fariseos y saduceos

Hay dos «partidos» religiosos principales en Jerusalén durante este tiempo. Desafortunadamente ninguno ofrece mucha orientación en la verdadera espiritualidad, puesto que están atrapados en promover un «legalismo» religioso de adherencia externa a reglas mientras se soslayan las actitudes y los motivos internos. Los fariseos son ortodoxos y conservadores, y promueven la separación entre sí mismos y la sociedad «secular». Los saduceos son más liberales. Son el partido de la aristocracia de Jerusalén, y usan su riqueza e influencia para mantener en calma las aguas políticas. Una junta de gobierno, llamada el sanedrín, está compuesta tanto de representantes de los *fariseos* como de los *saduceos,* pero los dos grupos tienen muy poco en común, excepto su deseo de libertad religiosa y, más tarde, su antagonismo contra Jesús de Nazaret.

4. Esperanza mesiánica: Expectación de un salvador

El «Mesías» o «Salvador» es uno de quien se profetiza por todo el Antiguo Testamento que vendrá a salvar a los judíos. Algunos piensan que necesitan salvación espiritual, y otros están buscando solamente salvación política. Por ambas razones la expectación y esperanza de la venida del Mesías es fuerte durante los cuatrocientos años de silencio. Sucesos de la era del silencio parecen preparar especialmente al mundo para la venida del Mesías:

(1) Esta parte del mundo tiene un lenguaje y una cultura comunes, lo cual facilita la difusión del mensaje mesiánico.

(2) El Imperio Romano ha traído a esta región paz militar, un extenso sistema de carreteras y rutas marítimas, así como un

gobierno común de modo que la gente puede viajar extensamente sin interferencias.

(3) Los judíos están sufriendo tal persecución religiosa y humillación política que existe una esperanza ampliamente extendida y *la expectación de un salvador.*

Estos hechos hacen de la venida de Jesús de Nazaret, quien afirma ser el Mesías, un suceso que capta la atención de todo el mundo judío.

Autoevaluación

A. Cuatro temas principales en la era del silencio

(Escriba el tema correcto, seleccionando las opciones indicadas a la izquierda.)

OPCIONES:	TEMA:	DESCRIPCIÓN:
Cambio de guardia	_____	Fariseos y saduceos
Sectas políticas	_____	Marcha de las naciones
Sectas religiosas	_____	Expectación de un salvador
Esperanza mesiánica	_____	Macabeos y zelotes

B. Resumen histórico:

(Llene los espacios en blanco de memoria.)

ERA	RESUMEN
Silencio:	Los *fariseos* y otros _____ a los _____ en el _____ por los siguientes _____ años.

C. Arco de la historia bíblica

(Escriba los nombres de las eras. Para verificar sus respuestas, véase el Apéndice.)

1. C_____	5. J_____	9. S_____
2. P_____	6. R_____	10.
3. E_____	7. E_____	11.
4. C_____	8. R_____	12.

D. Geografía de la era del silencio

(Escriba un 1 junto a Persia, un 2 junto a Grecia, y un 3 junto a Roma. Luego trace una flecha de Persia a Grecia y a Roma, para representar los movimientos geográficos durante la era del silencio.)

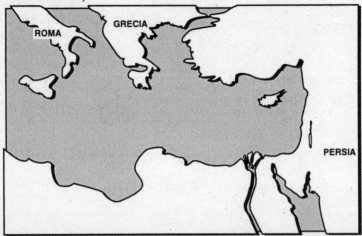

E. Historia del Antiguo Testamento

(Llene los espacios en blanco.)

ERA	PERSONAJE	LUGAR	RESUMEN HISTÓRICO
_____	_____	_____	Adán es creado por Dios, pero _____ y _____ el _____ original de Dios para el hombre.
_____	_____	_____	Abraham es _____ por Dios para ser el «padre» de un _____ que _____ a Dios ante el mundo.
_____	_____	_____	Moisés _____ al pueblo hebreo de la _____ en Egipto y les da la _____.
_____	_____	_____	Josué dirige _____ de la _____.
_____	_____	_____	Sansón y otros fueron escogidos como _____ para _____ al pueblo por _____ años de rebelión.
_____	_____	_____	David, el más grande rey en la nueva _____, es seguido por una sucesión de reyes mayormente _____ y Dios a la larga _____ a Israel por su pecado, enviándolos al exilio.
_____	_____	_____	Daniel, por los siguientes setenta años, provee _____ y estimula a la _____ entre los _____.

ERA	PERSONAJE	LUGAR	RESUMEN HISTÓRICO
_____	_____	_____	Esdras _____ al pueblo de regreso del __ _____ para reedificar a _____ .
_____	_____	_____	Los *fariseos* y otros *sepultan* a los *israelitas* en el *legalismo* por los siguientes *cuatrocientos* años.

¡Felicitaciones! ¡Acaba de pasar otro hito! Ha completado un vistazo de los libros históricos del Antiguo Testamento. Ahora veremos los libros poéticos y proféticos en los próximos dos capítulos.

TRECE

LOS LIBROS POÉTICOS

(Job–Cantar de los Cantares)

 No es ningún secreto que, históricamente hablando, los poetas «marcharon al ritmo de un tambor diferente», y no todo el mundo ha apreciado su poesía. Charles Babbage, un matemático británico, objetó una frase de «La visión del pecado» de Alfred Lord Tennyson: «Cada momento muere un hombre, cada momento nace otro», diciendo como si fuera verdad que «la población del mundo sigue igual». En interés a la precisión, le escribió a Tennyson, que los versos debían ser enmendados para que dijeran: «Cada momento muere un hombre, cada momento nace otro y un dieciseisavo».

Aquellos a quienes la poesía no les disgusta o bien piensan que pueden escribirla, desearían poder hacerlo. Escribir poesía perdurable es mucho más difícil de lo que uno se imagina, sin embargo, los intentos de los aficionados rara vez son apreciados ampliamente. Eurípides una vez confesó que le había tomado tres días escribir tres versos. Su perplejo amigo, un poeta con menos capacidad, exclamó: «¡Yo podría haber escrito un ciento en ese tiempo!» «Lo creo», replicó Eurípides, «pero habrían durado sólo tres días».

El rey Luis XIV le mostró a Nicolás Beaulieu, un poeta francés, algunos poemas que había escrito, y le pidió su opinión sobre ellos. El gran poeta, que era también un experimentado diplomático le dijo: «Señor, nada es imposible para su majestad. Su majestad se propuso escribir malos versos, y lo logró».

La poesía es un canto del alma. Dondequiera que han existido grandes civilizaciones, se ha escrito poesía, y la poesía de Israel está entre las mejores. Los salmos de David y los proverbios de Salomón sobresalen al comparárselos con cualquier cuerpo de poesía jamás escrita.

I. Repaso: Nos recordamos a nosotros mismos que hay tres clases de libros en el Antiguo Testamento: históricos, poéticos y proféticos. Hay cinco poéticos que siguen a los primeros diecisiete históricos, como se ve a continuación:

Las tres clases de libros en el Antiguo Testamento

Históricos	*Poéticos*	*Proféticos*
Génesis	Job	Isaías
Éxodo	Salmos	Jeremías
Levítico	Proverbios	Lamentaciones
Números	Eclesiastés	Ezequiel
Deuteronomio	Cantar de los Cantares	Daniel
Josué		Oseas
Jueces		Joel
Rut		Amós
1 Samuel		Abdías
2 Samuel		Jonás
1 Reyes		Miqueas
2 Reyes		Nahum
1 Crónicas		Habacuc
2 Crónicas		Sofonías
Esdras		Hageo
Nehemías		Zacarías
Ester		Malaquías

Para repasar, la historia ha llegado a su fin. Los libros históricos están completos, y comienzan los de poesía hebrea. Estos cinco, en la mitad del Antiguo Testamento, pueden ubicarse en la secuencia cronológica construida por los libros históricos. Job fue escrito durante el tiempo de los acontecimientos del libro de Génesis; Salmos durante la vida de David, en 2 Samuel; y Proverbios, Eclesiastés y Cantares se escribieron durante la vida de Salomón, en el tiempo cubierto en 1 Reyes. Véase en el siguiente cuadro una representación visual.

Libros poéticos

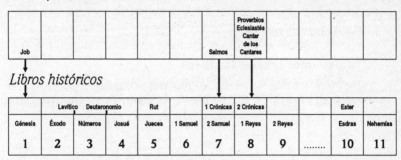

Libros históricos

Génesis	Éxodo	Números	Josué	Jueces	1 Samuel	2 Samuel	1 Reyes	2 Reyes		Esdras	Nehemías
		Levítico	Deuteronomio	Rut		1 Crónicas	2 Crónicas			Ester	
1	2	3	4	5	6	7	8	9	....	10	11

II. Resumen general: Los *libros poéticos* caen en tres *tipos* principales dentro de los cuales los poetas usan una serie de diferentes *técnicas* literarias para comunicar el mensaje de Dios.

REPASO:

Los *libros poéticos* caen en tres _____ principales dentro de los cuales los poetas usan una serie de diferentes _____ literarias para comunicar el mensaje de Dios.

Los tres principales tipos de poesía hebrea son:

1. *Poesía lírica:* para ser *acompañada con música,* como un canto.
2. *Poesía instructiva:* para *enseñar principios para la vida* mediante máximas enérgicas.
3. *Poesía dramática:* una narrativa que *cuenta una historia* en forma poética.

REPASO DE LOS TRES PRINCIPALES TIPOS DE POESÍA HEBREA:

1. *Poesía lírica:* para ser *acompañada con música,* como un canto.
2. *Poesía instructiva:* para *enseñar principios para la vida* mediante máximas enérgicas.
3. *Poesía dramática:* una narrativa que *cuenta una historia* en forma poética.

Las dos principales técnicas son
1. *Paralelismo*
2. *Figuras de dicción*

1. Paralelismo: Igualar las ideas

Definición sumaria: Más que igualar los sonidos, el poeta hebreo se preocupaba por *nivelar las ideas,* una técnica llamada «paralelismo».

REPASO:

Más que igualar los sonidos, el poeta hebreo se preocupaba por _____ _____, una técnica llamada «paralelismo».

Seis de las formas más comunes de paralelismo son:

1. *Paralelismo sinónimo:* Las ideas que se presentan son similares.
   Muéstrame, oh Jehová, tus caminos;
   Enséñame tus sendas. (Salmos 25.4)

2. *Paralelismo sintético:* El segundo pensamiento completa al primero.
   Jehová es mi pastor;
   Nada me faltará. (Salmos 23.1)

3. *Paralelismo antitético:* El segundo pensamiento contrasta con el primero.
   Porque Jehová conoce el camino de los justos;
   Mas la senda de los malos perecerá. (Salmos 1.6)

4. *Paralelismo emblemático:* El primer verso usa una figura del lenguaje para ilustrar la idea que se indica en el segundo.
   Como el ciervo brama por las corrientes de las aguas,
   Así clama por ti, oh Dios, el alma mía. (Salmos 42.1)

5. *Paralelismo climático:* La segunda frase repite la primera con la excepción de la(s) última(s) palabra(s).
   No es de los reyes, oh Lemuel, no es de los reyes beber vino. (Proverbios 31.4)

6. *Paralelismo formal:* Ambas frases poéticas deben existir para completar el pensamiento.

> Pero yo he puesto mi rey
> Sobre Sion, mi santo monte. (Salmos 2.6)

Repaso

(Llene los espacios en blanco seleccionando las opciones que se incluyen.)

1. En el paralelismo sinónimo las ideas son _____ .
   a. ridículas.
   b. similares.
   c. deletreadas en la misma manera.

2. En el paralelismo sintético _____ .
   a. el segundo pensamiento está hecho de nylon.
   b. el segundo pensamiento completa al primero.
   c. el segundo pensamiento no existe.

3. En el paralelismo antitético _____ .
   a. el segundo pensamiento está escrito al revés.
   b. el segundo pensamiento contrasta con el primero.
   c. el primer pensamiento no tiene contrapartida en el universo.

4. En el paralelismo emblemático _____ .
   a. un pequeño emblema metálico está pegado sobre la primera línea.
   b. una figura del lenguaje en la primera frase ilustra la idea de la segunda.
   c. las ideas son trazadas en una forma de arte primitiva.

5. En el paralelismo climático _____ .
   a. el segundo pensamiento es muy antiguo.
   b. la segunda frase repite la primera con la excepción de la(s) última(s) palabra(s).
   c. el pensamiento queda completo en el tercer acto.

6. En el paralelismo formal _____ .
   a. el primer versículo aparece de corbata de lazo.
   b. ambas frases poéticas deben existir para que haya un pensamiento completo.
   c. la segunda línea no sorbe su sopa.

(La respuesta a todas las preguntas que anteceden, es la primera letra de la palabra baloncesto.*)*

2. Figuras de dicción: Creación de imágenes visuales

Definición sumaria: Puesto que los poetas hebreos querían que ciertos cuadros surgieran en la mente del lector, una consideración principal era la *creación de imágenes visuales,* las que acompañaban con vívidas «figuras de dicción».

REPASO:

Puesto que los poetas hebreos querían que ciertos cuadros surgieran en la mente del lector, una consideración principal era la _____ _____ _____ , las que acompañaban con vívidas «figuras de dicción».

Cinco de las más comunes figuras de dicción son:

1. *Símil:* una comparación entre dos cosas no parecidas.
   Guárdame como a la niña de tus ojos. (Salmos 17.8)

2. *Metáfora:* una comparación en la cual se dice que una cosa es otra.
   Jehová es mi pastor. (Salmo 23.1)

3. *Hipérbole:* deliberada exageración por cuestión de énfasis.
   Todas las noches inundo de llanto mi lecho,
   Riego mi cama con mis lágrimas. (Salmos 6.6)

4. *Pregunta retórica:* formular una interrogante con el propósito de plantear una declaración.
   ¿Quién expresará las poderosas obras de Jehová?
   ¿Quién contará sus alabanzas? (Salmos 106.2)

5. *Personificación:* asignar a algún objeto las características de un ser humano.
   El sol conoce su ocaso (Salmos 104.19).

Aun cuando hay otras figuras de dicción, estas son las más notables. Las que se mencionan aquí, en particular, expresan la imaginación visual que los poetas hebreos se esforzaban por lograr para hacer que ciertos cuadros surjan en nuestras mentes.

Si puede alejarse de la necesidad de oír rima y ritmo, podrá aprender a apreciar la poesía hebrea. Estos hombres fueron «artesanos de la palabra y del pensamiento» que bregaron con palabras e ideas, contrastándolas, comparándolas, completándolas en maneras que las elevaron por encima de la mera prosa.

III. Expansión: Los cinco libros poéticos

1. Job
2. Salmos
3. Proverbios
4. Eclesiastés
5. Cantar de los Cantares

1. Job: El sufrimiento y la soberanía de Dios

Job es un hombre muy rico y justo, cuya fortuna cambió de súbito y dramáticamente. Pierde su salud, su riqueza y su familia, y se hunde en profundo sufrimiento. El libro presenta, en «poesía dramática», el conflicto interno de Job, y una serie de debates con tres amigos, tratando de lograr una perspectiva apropiada del *sufrimiento y la soberanía de Dios*. Al final, Dios revela su majestad y poder. Aun cuando las preguntas de Job nunca reciben respuesta, con buena disposición se somete a la soberanía de Dios, y sus fortunas le son restauradas y dobladas.

2. Salmos: Alabanza en la adoración pública

Salmo quiere decir «libro de alabanzas». El Libro de los Salmos es una colección de 150 salmos que se divide en tres «libros» más pequeños. Salmos se usaban como un libro de oración y de *alabanza en la adoración pública*, en el tabernáculo, el templo y las sinagogas. Hay tres tipos principales de salmos: alabanza, acción de gracias y lamento. El rey David escribe como la mitad de ellos, en tanto que diferentes autores completan el resto.

3. Proverbios: Sabiduría, habilidad para vivir

El propósito de los proverbios es impartir *sabiduría o «habilidad para vivir»*. Más específicamente, destacan la sabiduría práctica, el discernimiento, la autodisciplina y la intrepidez moral. Esta «poesía instructiva» está escrita en máximas cortas, incisivas, que se enfocan en la relación de uno con Dios y con otros, con el dinero, la moral, el habla, la industria, la honradez, etc. El mensaje es que una vida de sabiduría y rectitud debe prevalecer sobre una de necedad e injusticia.

4. Eclesiastés: La futilidad de los afanes temporales

Salomón, con sus ilimitados recursos y oportunidades, trata de hallar significado en la vida mediante la industria, el placer, la riqueza, la sabiduría y el poder; y encuentra que todo esto no satisface. Después de que repasa estos esfuerzos y la *futilidad de los afanes temporales*, concluye en esta «poesía instructiva», que hay sólo una cosa que puede satisfacer al hombre: «temer a Dios y guardar sus mandamientos» (12.13).

5. Cantar de los Cantares: El manual de Dios para el matrimonio

El Cantar de los Cantares es *el manual de Dios para el matrimonio*. Esta «poesía dramática» pinta la relación íntima de amor entre Salomón y su novia sulamita. Al hacerlo presenta la perspectiva de Dios respecto al amor matrimonial.

Autoevaluación

Los cinco libros poéticos

(Escriba el nombre del libro correcto, seleccionando de las opciones indicadas a la izquierda.)

OPCIONES:	LIBRO:	DESCRIPCIÓN:
Job	_____	Futilidad de los afanes temporales
Salmos	_____	El sufrimiento y la soberanía de Dios
Proverbios	_____	El manual de Dios para el matrimonio
Eclesiastés	_____	Alabanza en la adoración pública
Cantar de los Cantares	_____	Sabiduría: habilidad para vivir.

CATORCE

LOS LIBROS PROFÉTICOS

(Isaías – Malaquías)

La profecía nos atrae como ninguna otra cosa. Nos quedamos pasmados y estupefactos con ella. ¿Qué guarda el futuro? Esa pregunta nos agarra por el cuello, nos lanza contra la pared, hunde sus pulgares en nuestra yugular, y nos oprime allí esperando una respuesta. Algunos miran en bolas de cristal, leen las hojas del té, estudian gráficos astrológicos y consultan a profetas, buscando una vislumbre de lo desconocido. Desde «¿Cuándo se va a acabar el mundo?» a «¿Qué debo ponerme mañana?», anhelan fervientemente hurgar en las profundidades de lo que todavía no ha sucedido.

Hay un sentido intuitivo de que un velo cuelga entre lo humano y lo divino, y que los profetas ayudan a echar un vistazo más allá del velo. Fuera de la Biblia, sin embargo, los profetas han tenido un expediente desigual de aciertos. Creso vivió en el siglo sexto a.C. y era rey de Lidia, en Asia Menor. Deliberando si atacar al imperio persa le preguntó al oráculo de Delfos si la empresa prosperaría. El oráculo replicó que si iba a la guerra, destruiría un gran imperio. Estimulado Creso invadió el territorio persa. Fue vencido por completo, y entonces los persas invadieron Lidia, capturaron su capital y encadenaron al mismo Creso. Este envió de nuevo sus embajadores a Delfos, esta vez con la pregunta: «¿Por qué me engañaste?» La sacerdotisa del oráculo replicó que ella no lo había engañado: Creso en verdad destruyó un gran imperio.

Girolamo Cardano, un matemático italiano del siglo dieciséis, era conocido en toda Europa como astrólogo, incluso visitando Inglaterra para pronunciar su horóscopo respecto al joven rey Eduardo VI. Firme creyente en lo acertado de su llamada ciencia, Cardano fabricó un horóscopo prediciendo la hora de su propia muerte. Cuando el día llegó,

114 DÍAS PARA ENTENDER LA BIBLIA

se hallaba en perfecta salud y seguro de todo daño. Antes de ver fallar su predicción, Cardano se mató.

Sin embargo, los profetas bíblicos pertenecen a otra clase completamente diferente a la de los profetas corrientes. Si un hombre era un verdadero profeta de Dios, ninguna de sus predicciones fallaría jamás. Si un profeta alguna vez pronunciaba una profecía que fallaba, debía ser apedreado hasta la muerte. Esto desanimaba a los impostores e hizo que los profetas bíblicos fueran altamente confiables. Hubo muchos verdaderos profetas en el Antiguo Testamento, pero no todos ellos escribieron sus mensajes para que fueran preservados. En la Biblia tenemos dieciséis hombres que escribieron sus mensajes. Estos escritos se llaman los libros proféticos, y comprenden los diecisiete libros finales del Antiguo Testamento, como se ve en el repaso que sigue.

I. Repaso

Estructura del Antiguo Testamento

Históricos	*Poéticos*	*Proféticos*
Génesis	Job	Isaías
Éxodo	Salmos	Jeremías
Levítico	Proverbios	Lamentaciones
Números	Eclesiastés	Ezequiel
Deuteronomio	Cantar de los Cantares	Daniel
Josué		Oseas
Jueces		Joel
Rut		Amós
1 Samuel		Abdías
2 Samuel		Jonás
1 Reyes		Miqueas
2 Reyes		Nahum
1 Crónicas		Habacuc
2 Crónicas		Sofonías
Esdras		Hageo
Nehemías		Zacarías
Ester		Malaquías

Nuestra historia está completa. De Génesis, el primer libro histórico, a Nehemías, el último de ellos, trazamos una línea cronológica que relata la historia del Israel antiguo. Luego colocamos los libros poéticos en su lugar apropiado. Ahora hacemos lo mismo con los libros proféticos, como se ve a continuación.

Libros históricos

Génesis	Levítico Éxodo	Deuteronomio Números	Josué	Jueces Rut	1 Samuel	2 Samuel	1 Crónicas 1 Reyes	2 Crónicas 2 Reyes		Ester Esdras	Nehemías
1	2	3	4	5	6	7	8	9	....	10	11

Libros proféticos

					A Israel: Oseas Amós A Judá: Habacuc Isaías Jeremías Joel Miqueas Sofonías Lamentaciones A Asiria: Jonás Nahum A Edom: Abdías	Ezequiel Daniel	Hageo Zacarías	Malaquías

La mayoría de los libros proféticos (Isaías a Sofonías) fueron escritos durante el tiempo que cubre el segundo libro de Reyes, que registra la declinación de la nación. Esto es debido a que el mensaje principal de los profetas fue que la nación dejara de pecar y se volviera al Señor. Predijeron lo que ocurriría con la nación si el pueblo no. prestaba atención a la advertencia. De los libros restantes, dos profetas (Ezequiel y Daniel) ministraron durante el exilio, y tres (Hageo, Zacarías y Malaquías) durante el regreso.

II. Resumen general: *Profecía* es proclamar la Palabra de Dios, tanto para el futuro como para el presente.

REPASO:

Profecía es _____ la Palabra de Dios, tanto para el _____ como para el _____ .

III. Ampliación: Hay cuatro principales rasgos de los escritos proféticos:

1. Designación
2. Época
3. Predicción
4. Proclamación

1. Designación: Profetas mayores y menores

En tiempos recientes a los libros proféticos se les ha dado dos designaciones principales: *profetas mayores* y *profetas menores*. Los profetas mayores son los primeros cinco libros proféticos: Isaías, Jeremías, Lamentaciones, Ezequiel y Daniel. Los profetas menores son los doce restantes. A los primeros se les llama «mayores» porque son libros más largos, en tanto que a los otros se les llama «menores» porque son escritos más cortos que los de los profetas mayores.

2. Época: Preexílicos, del exilio o postexílicos.

Los libros proféticos se dividen en tres períodos cronológicos: *Preexílicos, del exilio y postexílicos*. La mayoría de los ministerios y libros proféticos ocurren antes del exilio. Tres profetas, Hageo, Zacarías y Malaquías, profetizan durante el regreso. De los que profetizan antes del exilio dos lo hacen principalmente a Israel (el reino del norte), siete a Judá (el reino del sur), y tres a otras naciones, como se ve en las siguientes listas.

Estructura de los libros proféticos

Preexílicos

A ISRAEL:	A JUDÁ:	A ASIRIA:	A EDOM:
Oseas	Habacuc	Jonás	Abdías
Amós	Isaías	Nahum	
	Jeremías		
	Joel		
	Miqueas		
	Sofonías		
	Lamentaciones		

Del exilio

Postexílicos

DESDE BABILONIA:
Ezequiel
Daniel

A JERUSALÉN:
Hageo
Zacarías
Malaquías

3. Predicción: Predecir del futuro

La más famosa característica de un profeta es que ocasionalmente puede *predecir el futuro*. Esta no es una capacidad inherente en el mismo profeta, sino más bien esta información le es dada por Dios. En Israel la prueba de un verdadero profeta es que debe acertar el ciento por ciento. Si un profeta alguna vez dice algo que no se cumple, no es profeta de Dios. Y el castigo por dar una profecía que no se cumple es la muerte por lapidación. Esto conservaba puras las filas de los profetas.

4. Proclamación: Proclamar las enseñanzas de Dios

Aunque el ministerio de «predecir» (decir el futuro) es más dramático, el de «proclamar» es mucho más común en la vida del profeta. Proclamar simplemente significa *anunciar las enseñanzas de Dios* al pueblo. Sobre todo se relaciona con la vida recta. Hay tres características de esta parte del ministerio de un profeta.

1. Exponer el pecado y llamar al pueblo a un estilo de vida más alto moralmente.
2. Advertir el juicio si el pueblo no se reforma.
3. Proclamar al Mesías que viene.

Los profetas casi siempre advirtieron, respecto a los juicios relativos a la nación de Israel o de Judá, que serían conquistados militarmente y llevados cautivos lejos de su tierra.

Autoevaluación

A. Cuatro rasgos principales de los libros proféticos

(Escriba el rasgo correcto, seleccionando de las opciones que se indican a la izquierda.)

OPCIONES:	RASGO:	DESCRIPCIÓN:
Designación	_____	Predecir el futuro
Época	_____	Proclamar las enseñanzas de Dios
Predicción	_____	Preexílicos, del exilio, postexílicos
Proclamación	_____	Profetas mayores y menores

B. Geografía de los libros proféticos

Los principales lugares en donde ministraron los profetas se hallan en el mapa que sigue. Compagine el país con la ubicación escribiendo en la línea en blanco el número correspondiente.

1. Israel   4. Asiria
2. Judá   5. Babilonia
3. Edom   6. Jerusalén

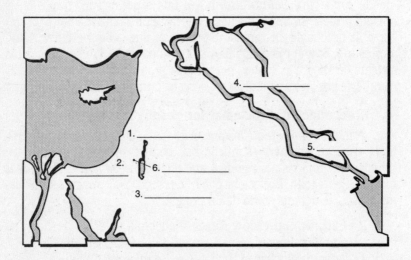

¡Maravilloso! Usted ha completado la Sección 1, la historia del Antiguo Testamento. Este es un hito muy significativo en la comprensión de la Biblia. Las tres secciones restantes han sido estructuradas de manera que le presenten un reto, pero que no lo apabullen. Si terminó el Antiguo Testamento, puede completar el libro entero, ¡y usted está casi a mitad del camino de los treinta días!

Ahora, habiendo dado un ligero vistazo de los libros poéticos y proféticos del Antiguo Testamento, y habiendo visto cómo encajan en la historia de la Biblia, estamos listos para continuar esa historia al empezar la Sección 2, la historia del Nuevo Testamento.

LA HISTORIA DEL NUEVO TESTAMENTO

QUINCE

GEOGRAFÍA Y ESTRUCTURA DEL NUEVO TESTAMENTO

 Escondido entre las gigantescas montañas de los Andes, en el país sudamericano del Perú, yace un valle de aproximadamente sesenta kilómetros de largo, aislado del resto del mundo. Caminos y senderos cruzan este valle en todo sentido, entretejido como si árboles delgados y muy altos hubieran caído al azar. Por años los arqueólogos han especulado que se trata de una red de carreteras olvidadas, residuos de una civilización muy antigua.

La perspectiva cambió radicalmente, sin embargo, cuando alguien se aventuró a estudiar el valle desde el aire. Desde este punto aventajado lo que parecía ser al azar y a la ventura se aclaró radicalmente. No eran caminos y senderos de ninguna manera, sino un monumental mural desértico, mostrando objetos que medían muchos kilómetros de altura. Qué son los murales, lo que significan, cómo fueron hechos, quién los hizo, y para quién, son cosas perdidas en la niebla del tiempo.

El monumental mural tiene un mensaje simbólico para todos nosotros, sin embargo. A menudo el cuadro completo de algo no puede verse si estamos demasiado cerca del objeto. Debemos retroceder alejándonos de los detalles de lo que estamos estudiando, para dar un vistazo al todo.

Esto es cierto en la geografía del Nuevo Testamento. Cuando en los Evangelios usted lee que se viajó de la ciudad de Jericó a Jerusalén, y a Caná, esos nombres son simplemente palabras en una página, sin significado hasta que dé una ojeada a la geografía. Usted no se percata de que alguien acaba de caminar cien kilómetros, a vuelo de pájaro, la distancia entre Baltimore y Filadelfia, o que eso también incluye subir unos cuatrocientos metros en altitud, y luego bajar otros trescientos.

Es más, adquirir una perspectiva de la geografía del Nuevo Testamento es en sí mismo un estudio fascinante. Israel es un país diminuto comparado con los Estados Unidos. Trace una línea de ochenta kilómetros de ancho de Nueva York a Boston, o colóquese al estado de Massachusetts derecho sobre su extremo, o reduzca al estado de Nueva Hampshire un diez por ciento, y tendrá aproximadamente el área del territorio de Israel.

Sin embargo, es una tierra asombrosamente diversa. Desde un bajo desierto a altas montañas, con ubérrimos valles y colinas ondulantes entre ellos, hay toda una gama de topografía. Cualquier cuerpo de agua que usted no puede cruzar a nado es un «mar», y toda colina más alta que su cabeza es un «monte». El Mar de Galilea mide diez kilómetros de ancho por veinte de largo, casi un charco de lodo comparado con los Grandes Lagos. El Mar Muerto mide quince kilómetros de ancho por ochenta de largo, más pequeño que algunos de los virtualmente desconocidos reservorios en los Estados Unidos. El «poderoso» Jordán no es más que un arroyo rocoso comparado con los verdaderamente majestuosos ríos del mundo como el Amazonas o el Mississippi. Tal vez debido a que es un país tan pequeño, todo se exagera.

Crear un cuadro mental al leer usted los sucesos del Nuevo Testamento es contribuir para que la narración cobre vida. Así que, al empezar a mirar el Nuevo Testamento, empecemos con la geografía.

La geografía de los Evangelios

La diferencia entre la geografía de los Evangelios y la del Libro de los Hechos es lo suficientemente significativa como para que merezca un tratamiento separado.

Cuerpos de agua

Una vez que usted ha dominado la geografía del Antiguo Testamento, la del Nuevo Testamento es relativamente sencilla. Los cuerpos de agua están entre los del Antiguo Testamento que estudiamos en el capítulo 2. (Para repasar, vaya al mapa a continuación y escriba los nombres de los cuerpos de agua compaginando los números.)

1. Mar Mediterráneo
2. Mar de Galilea
3. Río Jordán
4. Mar Muerto

Cuerpos de agua en los Evangelios

(Llene las líneas en blanco en el mapa que sigue. Los nombres y números deben coordinarse con la lista en la página precedente.)

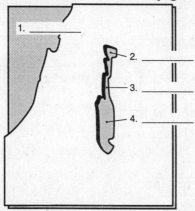

Provincias y ciudades

El área geográfica principal de los Evangelios es la misma que fue gobernada por la nación de Israel en el Antiguo Testamento. Sin embargo, la tierra, ahora conocida como Palestina, está bajo el gobierno de Roma, y está dividida en secciones o provincias. *(Conforme lee estas descripciones escriba el nombre del lugar en el mapa que sigue, pareando las letras.)*

A. Provincia de Galilea

Ubicada entre el mar Mediterráneo y el mar que lleva su nombre, Galilea es la provincia que Jesús consideraba su lugar natal. Tanto Nazaret, su hogar de la infancia, como Capernaum, su hogar más tarde, están en Galilea. De aquí la frase «el Galileo».

B. Provincia de Samaria

Ubicada entre el mar Mediterráneo y el río Jordán, Samaria es el lugar natal de los samaritanos. Parte judíos y parte gentil, es un pueblo que vive en constante animosidad con los judíos.

C. Provincia de Judea

Ubicada entre el Mediterráneo y el Mar Muerto, Judea mide aproximadamente la misma área que la tribu sureña de Judá en el Antiguo Testamento. Incluyendo a la ciudad de Jerusalén, es el lugar donde residen la mayoría de judíos en el Nuevo Testamento.

D. Provincia de Perea

Una provincia larga y angosta en la orilla oriental del río Jordán. Jesús pasó un tiempo concentrado allí con sus discípulos, hacia el fin de su ministerio.

E. Ciudad de Nazaret

Ubicada en Galilea, justo al oeste del Mar de Galilea, es la población en donde vivían José y María, y en la que Jesús creció.

F. Ciudad de Capernaum

Localizada en el punto más al norte del Mar de Galilea, es el lugar que Jesús consideraba su hogar durante sus años de ministerio.

G. Ciudad de Jerusalén

Situada en Judea, justo en el extremo norte del Mar Muerto, es la ciudad donde se ubica el templo; es la ciudad santa y el centro de actividad de los judíos.

H. Ciudad de Belén

Lugar de nacimiento de Jesús, está como a ocho kilómetros al suroeste de Jerusalén.

Provincias y ciudades en los Evangelios

(Llene las líneas en blanco. Las letras y los nombres deben corresponder a la lista que antecede.)

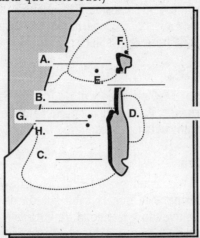

Geografía de Hechos de los Apóstoles

Masas de agua

Las masas de agua son las mismas que las de los Evangelios, sólo que el Mediterráneo es mencionado con más frecuencia. Por consiguiente, usted ya las conoce.

Regiones y ciudades

A medida que pasamos de los Evangelios a Hechos, nuestra geografía se expande desde Palestina al Imperio Romano. *(Conforme lea las descripciones, escriba el nombre del lugar en el mapa que sigue.)*

1. Región de Galacia

Ubicada en la moderna Turquía, fue el destino del primer viaje misionero del apóstol Pablo para llevar el evangelio a los gentiles.

2. Región de Grecia

Localizada en la moderna Grecia, fue el destino de Pablo en su segundo viaje misionero.

3. Región de Asia

Situada en la costa occidental de la moderna Turquía, fue el destino de Pablo en su tercer viaje misionero.

4. Región de Italia

Ubicada en la moderna Italia, fue la nación en donde Pablo estuvo preso y donde murió.

5. Ciudad de Jerusalén

Asentada en la moderna Jerusalén, es el lugar de inicio de la iglesia cristiana primitiva.

6. Ciudad de Damasco

Localizada en la moderna Damasco, en la Siria actual, fue el destino de Pablo cuando Jesús le dejó temporalmente ciego y se convirtió al cristianismo.

7. Ciudad de Cesarea

Ubicada en la costa del Mediterráneo, al sur del Mar de Galilea, fue el lugar de los juicios de Pablo.

8. Ciudad de Antioquía

En la costa del Mediterráneo al norte de Israel, cerca de la moderna Turquía, fue el punto de inicio de los tres viajes misioneros de Pablo.

9. Ciudad de Roma

Situada en la moderna ciudad de Roma, fue donde Pablo estuvo en la cárcel y murió.

Geografía de Hechos de los Apóstoles

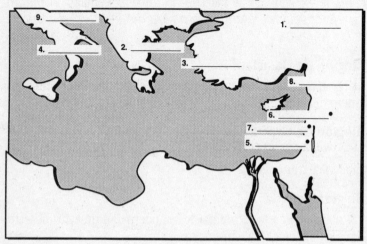

Autoevaluación

Geografía de los Evangelios

(Ahora, de las opciones que se indican, escriba en el mapa los nombres de las masas de agua, provincias y ciudades.)

Números = masas de agua	*Letras = ciudades y provincias*
Mar Muerto	Belén
Río Jordán	Capernaum
Mar Mediterráneo	Galilea
Mar de Galilea	Jerusalén
	Judea
	Nazaret
	Perea
	Samaria

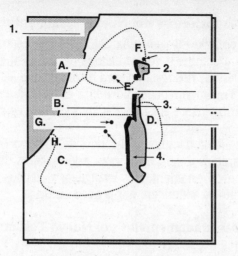

Geografía de Hechos de los Apóstoles

(De las opciones que se indican, escriba en el mapa los nombres de las provincias y las ciudades.)

Regiones:

Asia
Galacia
Grecia
Italia
Roma

Ciudades:

Antioquía
Cesarea
Damasco
Jerusalén

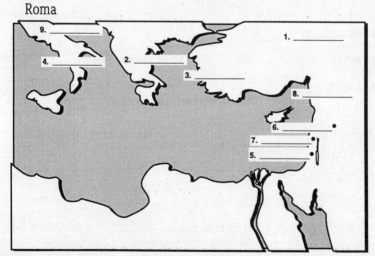

Libros históricos del Nuevo Testamento

Habiendo aprendido la geografía del Nuevo Testamento, ahora estamos listos para continuar con la historia de la Biblia, con las tres eras fundamentales que nos restan. Usted recordará que los veintisiete libros del Nuevo Testamento pueden dividirse en tres diferentes clases: cinco libros históricos, trece epístolas paulinas y nueve epístolas generales.

Como lo hicimos con los libros históricos del Antiguo Testamento, primero examinaremos dando un vistazo a los sucesos de los libros históricos del Nuevo Testamento, los Evangelios y Hechos. Luego, en los siguientes capítulos, extenderemos la línea histórica.

Las tres eras fundamentales del Nuevo Testamento

1. Evangelios

La vida de Jesús de Nazaret conforme se relata en los *Evangelios.*

2. Iglesia

La formación de la *iglesia* cristiana.

3. Misiones

La expansión de la iglesia a todo el Imperio Romano mediante las *misiones.*

Repaso

Escriba el nombre de la era correcta en la línea correspondiente a la descripción.

OPCIONES:	ERA:	DESCRIPCIÓN:
Misiones	_____	La vida de Jesús de Nazaret conforme se relata en los *Evangelios.*
Evangelios	_____	La formación de la *iglesia* cristiana.
Iglesia	_____	La expansión de la iglesia a todo el Imperio Romano mediante las *misiones.*

Ahora podemos añadir esta nueva información a nuestra tabla de la historia del Antiguo Testamento, como se ve a continuación.

Historia de la Biblia

ERA	PERSONAJE	LUGAR	RESUMEN HISTÓRICO
Creación	*Adán*	*Edén*	Adán es creado por Dios pero *peca* y *destruye* el *plan* original de Dios para el hombre.
Patriarcas	*Abraham*	*Canaán*	Abraham es *escogido* por Dios para ser el «padre» de un *pueblo* que represente a Dios ante el mundo.
Éxodo	*Moisés*	*Egipto*	Moisés *liberta al pueblo hebreo de la esclavitud en Egipto y les da la Ley.*
Conquista	*Josué*	*Canaán*	Josué dirige la *conquista* de la *tierra prometida.*
Jueces	*Sansón*	*Canaán*	Sansón y otros fueron escogidos como *jueces* para *gobernar* al pueblo por *cuatrocientos* años de rebelión.
Reino	*David*	*Israel*	David, el más grande rey en la nueva *monarquía,* es seguido por una sucesión de reyes mayormente *impíos* y Dios a la larga *juzga* a Israel por su pecado, enviándolos al exilio.
Exilio	*Daniel*	*Babilonia*	Daniel, por los siguientes setenta años, provee *liderazgo* y estimula a la *fidelidad* entre los *exiliados.*
Regreso	*Esdras*	*Jerusalén*	Esdras *guía* al pueblo de regreso del *exilio* para reedificar a *Jerusalén.*
Silencio	*Fariseos*	*Jerusalén*	Los *fariseos* y otros *sepultan* a los *israelitas* en el *legalismo* por los siguientes *cuatrocientos* años.

ERA	PERSONAJE	LUGAR	RESUMEN HISTÓRICO
Evangelios	A completarse luego.	A completarse luego.	A completarse luego.
Iglesia	A completarse luego.	A completarse luego.	A completarse luego.
Misiones	A completarse luego.	A completarse luego.	A completarse luego.

Los tres personajes centrales del Nuevo Testamento

ERA:	PERSONAJE:	DESCRIPCIÓN:
Evangelios	Jesús	El *Mesías* prometido
Iglesia	Pedro	El *líder* de la iglesia primitiva
Misiones	Pablo	El primer *misionero* cristiano

Repaso
Llene los espacios en blanco.

ERA:	PERSONAJE:	DESCRIPCIÓN:
Evangelios	Jesús	El _____ prometido
Iglesia	Pedro	El _____ de la iglesia primitiva
Misiones	Pablo	El primer _____ cristiano

Ahora podemos añadir los personajes centrales del Nuevo Testamento a nuestra tabla histórica, como se ve a continuación.

ERA	PERSONAJE	LUGAR	RESUMEN HISTÓRICO
Evangelios	*Jesús*	*A completarse luego.*	*A completarse luego.*
Iglesia	*Pedro*	*A completarse luego.*	*A completarse luego.*
Misiones	*Pablo*	*A completarse luego.*	*A completarse luego.*

Nuestra tarea final es identificar el lugar geográfico general o específico de los sucesos de las tres eras fundamentales del Nuevo Testamento. Como ejercicio para memorizar, escriba cada era principal y cada personaje central conforme lea la descripción del lugar geográfico.

Los tres principales lugares del Nuevo Testamento

ERA	PERSONAJE	LUGAR	DESCRIPCIÓN
E _____	J _____	Palestina	El área territorial identificada como Canaán e Israel en el Antiguo Testamento, es conocida en el Nuevo como *Palestina*. Incluye las provincias romanas de Galilea, Samaria y Judea.
I _____	P _____	Jerusalén	La antigua ciudad de *Jerusalén* ha estado en el mismo lugar gran parte de la historia bíblica transcurrida después de la era del reino. Es la ciudad que dio a luz la iglesia primitiva.

ERA	PERSONAJE	LUGAR	DESCRIPCIÓN
M _____	P _____	Imperio Romano	Al esparcir Pablo el mensaje del cristianismo, lo llevó al corazón del Imperio Romano. De Palestina, al norte, a lo que es la moderna Turquía, y hacia el oeste, a través de Grecia, a Italia.

Repaso

(Ahora, de las opciones indicadas a la derecha, escriba el lugar que corresponde a la era y al personaje.)

ERA:	PERSONAJE:	LUGAR	OPCIONES:
Evangelios	Jesús	_____	Imperio Romano
Iglesia	Pedro	_____	Palestina
Misiones	Pablo	_____	Jerusalén

Ahora podemos añadir los lugares principales a nuestra tabla histórica del Nuevo Testamento, como se ve en el siguiente cuadro.

ERA	PERSONAJE	LUGAR	RESUMEN HISTÓRICO
Evangelios	Jesús	Palestina	A completarse luego.
Iglesia	Pedro	Jerusalén	A completarse luego.
Misiones	Pablo	Imperio Romano	A completarse luego.

Arco de la historia bíblica

(Escriba los nombres de las eras. Para verificar sus respuestas, véase el Apéndice.)

1. C_____	5. J_____	9. S_____
2. P_____	6. R_____	10. G_____
3. E_____	7. E_____	11. C_____
4. C_____	8. R_____	12. M_____

Llene la tabla histórica del Nuevo Testamento de memoria.

ERA	PERSONAJE	LUGAR	RESUMEN HISTÓRICO
_____	_____	_____	A completarse luego.
_____	_____	_____	A completarse luego.
_____	_____	_____	A completarse luego.

¡Felicitaciones! Acaba de dar un gran paso al lograr un vistazo general del Nuevo Testamento. Desde ahora en adelante seremos más específicos, contando que tiene a mano la estructura básica.

DIECISÉIS

LA ERA DEL EVANGELIO

(Mateo – Juan)

El Dr. Richard Selzer es un brillante cirujano que escribió un impactante libro titulado *Mortal Lessons: Notes on the Art of Surgery* [Lecciones mortales: Notas sobre el arte de la cirugía]. Él escribe:

Estoy de pie junto a la cama donde yace una joven, su semblante muestra los efectos de la operación: su boca está torcida en mueca de parálisis, como la de un payaso. Una diminuta hebra de un nervio facial, el que controla los músculos de su boca, ha sido cortada. Ella quedará así para siempre. El cirujano ha seguido con fervor religioso la curva de su carne; puedo garantizarlo. Sin embargo, para remover el tumor de su mejilla, tuve que cortar ese pequeño nervio.

Su esposo está en la habitación. Está de pie al lado opuesto de la cama, y juntos parecen vivir absortos a la luz tenue del atardecer. Aislados de mí, en privado. ¿Qué tipo de gente son este hombre y esta boquitorcida que he hecho, que se miran el uno al otro, y se tocan bondadosamente y con ansia?

La joven habla.

—¿Quedaré siempre así? —pregunta.

—Sí —le digo—. Es debido al nervio que fue cortado.

Ella asiente y queda en silencio. Pero el joven sonríe.

—Me gusta —dice—. Me parece casi encantador.

De súbito sé quien es. Comprendo, y bajo mi vista. Uno no es audaz al encontrarse con un dios. Sin importarle se inclina para besar la boca torcida de ella; estoy tan cerca que puedo ver cómo tuerce sus labios para acomodarlos a los de ella, para mostrar que todavía pueden besarse. Recuerdo que los dioses aparecían en la antigua Grecia como mortales; retengo mi respiración y dejo que me invada el asombro.

Ese es el espíritu de Jesús. El vínculo del hombre con Dios ha sido cortado por el pecado. Y Él se tuerce a sí mismo para acomodarse a nosotros, y darnos el beso de la vida eterna. Pero no sin dar su propia vida a nuestro favor. Al mismo tiempo tan tierno y tan poderoso. El personaje más destacado que jamás ha vivido. Y ¿por qué no? Fue Dios encarnado.

El nacimiento de Jesús dividió la historia como con un rayo en una calurosa noche de julio. A todo, antes de su nacimiento, lo llamamos a.C., antes de Cristo. A todo lo posterior, llamamos d.C., después de Cristo. Su historia, anunciada por todo el Antiguo Testamento, es narrada en los cuatro Evangelios: Mateo, Marcos, Lucas y Juan. Aun cuando los Evangelios son biográficos, son en realidad retratos temáticos de la vida de Cristo que ponen poco énfasis en la primera parte de su vida y mucho en la última semana de su vida terrenal. Los Evangelios tienden a seguir la cronología de su vida, pero no al dedillo. No todos ellos cubren los mismos acontecimientos de su vida. Cuando se observan los cuatro juntos y se armonizan, se trata de sólo unos cincuenta días del ministerio activo de Jesús.

I. **Repaso:** Llene los espacios en blanco para empezar la tabla de esta era.

Historia del Nuevo Testamento

ERA	PERSONAJE	LUGAR	RESUMEN HISTÓRICO
_____	_____	_____	A completarse luego.

II. **Resumen histórico:** *Jesús* viene en cumplimiento de las profecías del Antiguo Testamento sobre un salvador ofreciendo salvación y el verdadero reino de Dios. En tanto que algunos lo aceptan, la mayoría lo rechaza; es crucificado, sepultado, y resucita.

ERA	RESUMEN
Evangelios	*Jesús* viene en cumplimiento de las _____ del Antiguo Testamento sobre un salvador, ofreciendo _____ y el verdadero reino de Dios. En tanto que algunos lo aceptan, la mayoría _____ ; es crucificado, sepultado, y resucita.

III. Ampliación: Hay cuatro divisiones principales en la era del Evangelio:

1. Vida temprana
2. Ministerio temprano
3. Ministerio posterior
4. Muerte y resurrección

1. Vida temprana: Infancia y bautismo

Mediante una concepción milagrosa por el Espíritu Santo, Jesús nace de la virgen María en Belén de Judea. Después de una breve excursión a Egipto para salvarle de los intentos de Herodes por quitarle la vida, Jesús viaja con María y su esposo José, para vivir en Nazaret. Allí aprende el oficio de carpintero y al parecer vive relativamente normal desde su *infancia hasta el tiempo de su bautismo*, que ocurre cuando tiene treinta años. Su primo, Juan el Bautista, ministra y bautiza a las personas en el río Jordán, cerca del Mar Muerto. Después que Jesús es bautizado por Juan, ocurre un asombroso suceso. A Dios el Padre se le oye hablar desde el cielo, diciendo: «Este es mi Hijo amado, en quien tengo contentamiento», y el Espíritu Santo, en forma visible como una paloma, desciende sobre Él. Entonces es llevado por el Espíritu Santo al desierto de Judea, en donde es tentado por Satanás por cuarenta días. Satanás hace todo lo posible por lograr que Jesús le siga a él antes que a Dios. Le ofrece a Jesús todo lo que Dios el Padre le brinda, pero con artificios y requisitos diferentes. Jesús permanece sin pecado y confirma su preparación para empezar a darse a conocer como el Mesías.

2. Ministerio temprano: Aceptación inicial

No es sino hasta el bautismo y tentación de Jesús que empieza Él su ministerio público. Su mensaje tiene un enfoque doble: primero, que Él es el Mesías anunciado o, como la palabra se traduce en el Nuevo Testamento, el Cristo, y la gente debe creer en Él; y segundo, para presentarles un desafío a cumplir una vida de genuina justicia, no la hipocresía externa de los líderes religiosos. Jesús valida su mensaje al realizar sorprendentes milagros, y las señales de su *aceptación inicial* por parte de las multitudes son alentadoras. Gran parte de su actividad inicial sucede alrededor de Jerusalén.

3. Ministerio posterior: Rechazo creciente

La popularidad inicial de Jesús no duró mucho; los líderes religiosos están profundamente celosos de Él y empiezan a agitar la animosidad en su contra. Este *rechazo creciente* resulta en una progresión en el modelo ministerial de Jesús. Empieza a enfocar más su atención en la oposición creciente de los líderes religiosos, advirtiéndoles de la seriedad de su actitud. A la vez, empieza a dedicar más y más tiempo a los doce discípulos, a quienes ha escogido, preparándolos para que continúen sin Él. También empieza a lanzar un desafío a las multitudes a evaluar el costo de seguirle. Aunque Jesús viaja bastante durante este tiempo, su base de operaciones es Capernaum, en la orilla norte del Mar de Galilea.

4. Muerte y resurrección: Rechazo final

Los judíos se polarizan más y más respecto a Jesús, bien sea siguiéndole con entusiasmo o enojándose profundamente contra Él. En la atmósfera volátil del tiempo festivo de la Pascua, cuando Jesús y muchos otros judíos están en Jerusalén, los líderes religiosos finalmente logran agitar el ánimo para la crucifixión de Jesús. Lo someten a una serie de simulacros de juicios bajo acusaciones falsas. Luego lo crucifican un viernes, lo sepultan aquella noche, y Él resucita de los muertos el domingo, después de estar en la tumba por tres días.

Autoevaluación

A. Cuatro divisiones principales en la era del Evangelio

(Escriba la división correcta, seleccionando de entre las opciones indicadas a la izquierda.)

OPCIONES:	DIVISIÓN:	DESCRIPCIÓN:
Vida temprana	_____	Aceptación inicial
Ministerio temprano	_____	Rechazo final
Ministerio posterior	_____	Infancia y bautismo
Muerte y resurrección	_____	Rechazo creciente

B. Resumen histórico

(Llene los espacios en blanco de memoria.)

ERA	RESUMEN
Evangelios	*Jesús* viene en cumplimiento de las _____ del Antiguo Testamento sobre un salvador, ofreciendo _____ y el verdadero reino de Dios. En tanto que algunos lo aceptan, la mayoría _____ ; es crucificado, sepultado, y resucita.

C. Arco de la historia bíblica

(Escriba los nombres de las eras.)

1. C_____	5. J_____	9. S_____
2. P_____	6. R_____	10. G_____
3. E_____	7. E_____	11.
4. C_____	8. R_____	12.

D. Geografía de la era del Evangelio

(Trace una flecha de Belén a Egipto y luego a Nazaret, para representar el movimiento geográfico de la vida temprana de Jesús, y rotúlelo 1. Trace otra flecha de Nazaret a Jerusalén para representar su aceptación inicial, y márquela con un 2. Dibuje otra flecha de Jerusalén a Capernaum para representar el rechazo creciente, y señálela con un 3. Trace otra flecha desde Capernaum a Jerusalén para representar su rechazo final, y rotúlela con un 4.)

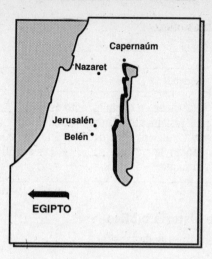

E. Historia de la Biblia

(Llene los espacios en blanco. Para verificar sus respuesta, véase el Apéndice.)

ERA	PERSONAJE	LUGAR	RESUMEN HISTÓRICO
_____	_____	_____	Adán es creado por Dios, pero _____ y _____ el _____ original de Dios para el hombre.
_____	_____	_____	Abraham es _____ por Dios para ser el «padre» de un _____ que _____ a Dios ante el mundo.
_____	_____	_____	Moisés _____ al pueblo hebreo de la _____ en Egipto y les da la _____.
_____	_____	_____	Josué dirige _____ de la _____ .

ERA	PERSONAJE	LUGAR	RESUMEN HISTÓRICO
_____	_____	_____	Sansón y otros fueron escogidos como _____ para _____ al pueblo por _____ años de rebelión.
_____	_____	_____	David, el más grande rey en la nueva _____ , es seguido por una sucesión de reyes mayormente _____ y Dios a la larga _____ a Israel por su pecado, enviándolos al exilio.
_____	_____	_____	Daniel, por los siguientes setenta años, provee _____ y estimula a la _____ entre los _____ .
_____	_____	_____	Esdras _____ al pueblo de regreso del __ _____ para reedificar a _____ .
_____	_____	_____	Los *fariseos* y otros *sepultan* a los *israelitas* en el _____ por los siguientes _____ años.
_____	_____	_____	Jesús viene en cumplimiento de las _____ del Antiguo Testamento sobre un salvador, ofreciendo _____ y el verdadero reino de Dios. En tanto que algunos lo aceptan, la mayoría _____ ; es crucificado, sepultado, y resucita.

DIECISIETE

LA ERA DE LA IGLESIA

(Hechos 1–12)

Muchas bromas se han lanzado contra la iglesia a través de los años. Un guasón escribió:

> Vivir en el cielo con los santos que amamos,
> Oh, eso será la gloria.
> Vivir aquí abajo con los santos que conocemos,
> Pues bien, eso es otra historia.

Otro escribió respecto a los himnos que cantamos:

> Cuando la aurora ilumina los cielos
> Mi corazón despertándose exclama:
> ¡Oh, no! ¡Otro día!

> Oh gracia admirable, ¡cuán dulce es!
> ¡Que a ti, pecador, salvó!

> Jesús, estoy descansando, descansando,
> Descansando, descansando, descansando, descansando.

> La lucha terminó, la batalla se acabó,
> La iglesia se dividió, y nuestro lado ganó.

William Blake escribió en el «Everlasting Gospel» [El evangelio eterno]:

> Ambos leemos la Biblia noche y día,
> Pero tú la lees en negro y yo en blanco.

A pesar de sus obvias imperfecciones la Iglesia es el medio escogido para llevar el mensaje del evangelio al mundo. Uno se pregunta por qué no se ha diseñado un mejor sistema. Luego se percata de que cualquier sistema integrado por personas va a ser imperfecto.

Alexander Solzhenitsyn escribió, en *El Archipiélago de Gulag,* que fue en la prisión donde aprendió que la línea que separa el bien del mal no pasa, a través de los estados, ni de las clases, ni de los partidos políticos, sino precisamente a través de cada corazón humano y de todos los corazones humanos.

Cuando nos evaluamos con seriedad, hallamos cosas ocultas en nuestros corazones que, de ser posible, eliminaríamos. Nuestros corazones se han descrito como «un zoológico de deseos lujuriosos, una orgía de ambiciones, un semillero de temores y un harem de odios atesorados». Sin embargo, la Iglesia, por su propia naturaleza, debe estar formada con personas como nosotros.

No obstante, no somos abandonados a nuestras propias fuerzas. Dios obra en la vida de las personas dispuestas, las cambia y transforma en algo más de lo que eran.

«Imagínese como una casa viva», escribió C.S. Lewis. «Dios viene para reconstruir esa casa. Al principio, quizás pueda entender lo que Él está haciendo. Está arreglando los desagües, tapando las goteras del techo, y así por el estilo. Pero ahora empieza a golpear la casa por todos lados, de una manera que hiere y no parece tener ningún sentido. ¿Qué es lo que se propone? La explicación es que está construyendo una casa muy diferente a la que usted pensaba, colocando una nueva ala aquí, un piso adicional allá, levantando almenas, construyendo patios. Usted pensaba que iba a hacer una casita decente; pero Él está edificando un palacio».

Y así es el mensaje de la Iglesia. El evangelio es llevado *a* personas imperfectas *por* personas imperfectas. Luego, se congregan para ayudarse mutuamente a crecer hacia la madurez espiritual. Salvación en Cristo y crecimiento a la madurez cristiana. Con verrugas y todo.

I. Repaso: Llene los espacios en blanco para actualizar la tabla con esta era.

Historia del Nuevo Testamento

ERA	PERSONAJE	LUGAR	RESUMEN HISTÓRICO
			Jesús viene en cumplimiento de las _____ del Antiguo Testamento sobre un salvador, ofreciendo _____ y el verdadero reino de Dios. En tanto que algunos lo aceptan, la mayoría lo _____ ; es crucificado, sepultado y resucita.
_____	_____	_____	

ERA	PERSONAJE	LUGAR	RESUMEN HISTÓRICO
_____	_____	_____	A completarse más adelante.

II. Resumen histórico: *Pedro,* poco después de la ascensión de Jesús, es usado por Dios para establecer la iglesia, el siguiente plan principal de Dios para el hombre.

ERA	RESUMEN
Iglesia	*Pedro,* poco después de la _____ de Jesús, es usado por Dios para _____ la _____ , el siguiente plan principal de Dios para el hombre.

III. Ampliación: Hay cuatro temas principales en la era de la Iglesia:

1. Creación
2. Crecimiento
3. Persecución
4. Transición

1. Creación: Nacimiento de la Iglesia (Hechos 1–5)

El lugar donde nació la Iglesia es Jerusalén. Después de su muerte, sepultura y resurrección, Jesús instruye a sus discípulos a esperar en Jerusalén hasta que reciban el poder del Espíritu Santo, para que sean testigos suyos en Jerusalén (su ciudad), Judea y Samaria (las provincias circunvecinas), y hasta lo último de la tierra (el resto del mundo). Luego Jesús asciende al cielo precisamente ante sus ojos. Poco después, el día de la fiesta judía de Pentecostés, el Espíritu Santo viene sobre los discípulos de Jesús. Mientras están reunidos en una casa, un sonido como de un viento recio llena el lugar, y llamas de fuego se posan sobre cada discípulo, siendo llenos del Espíritu Santo. Empiezan a hablar en diferentes idiomas extranjeros, de manera que muchos de los judíos de diferentes partes del mundo les oyen hablar en su idioma nativo. Este, y otros milagros asociados con *el nacimiento de la Iglesia*, tienen lugar en los primeros días, según el número de convertidos al cristianismo crece rápidamente en Jerusalén.

2. Crecimiento: Organización de la Iglesia (Hechos 6)

Conforme aumenta el número de convertidos, se toman algunas medidas para la *organización de la Iglesia,* dándole estructura a sus actividades y responsabilidades. Pedro organiza un centro de socorro para los cristianos en necesidad. Los que tienen posesiones pueden venderlas y dar el dinero a los apóstoles, quienes lo distribuyen de acuerdo a las necesidades. Luego se escogen diáconos para atender las necesidades materiales de la Iglesia, mientras los apóstoles atienden a las necesidades espirituales.

3. Persecución: El primer mártir cristiano (Hechos 7)

Esteban, uno de los primeros predicadores, es arrestado por los líderes judíos por predicar acerca de Jesús. Como no se retracta de su mensaje, sino que insiste más, los judíos lo apedrean hasta que muere convirtiéndolo en *el primer mártir cristiano*. Este incidente desata una persecución contra los nuevos cristianos, tan severa que muchos tienen que huir de Jerusalén para salvar la vida. Al hacerlo llevan consigo el mensaje del evangelio a las provincias aledañas de Judea y de Samaria.

4. Transición: Un misionero a los gentiles (Hechos 8–12)

Un fariseo fanático, Saulo de Tarso, cuida las túnicas de los que apedrean a Esteban. Poco después viaja a Damasco para hallar y perseguir a otros cristianos, cuando Jesús le aparece desde el cielo, y se convierte al cristianismo. Jesús le cambia el nombre a Saulo y llega a ser conocido como el apóstol Pablo. Además le dice expresamente que será *misionero a los gentiles*. Poco después de eso el apóstol Pedro tiene una visión en la cual el Señor le dice que el mensaje del evangelio debe ser llevado también a los gentiles. Esto marca una transición en la naturaleza de la Iglesia, por cuanto, hasta este momento, el mensaje ha circulado exclusivamente entre los judíos.

Autoevaluación

A. Cuatro temas principales en la era de la Iglesia

(Escriba el tema correcto, seleccionando de las opciones que se indican a la izquierda.)

OPCIONES:	TEMA:	DESCRIPCIÓN:
Creación	_____	Organización de la Iglesia
Crecimiento	_____	Misionero a los gentiles
Persecución	_____	Nacimiento de la Iglesia
Transición	_____	El primer mártir cristiano

B. Resumen histórico:

(Llene los espacios en blanco de memoria.)

ERA	RESUMEN
Iglesia	*Pedro,* poco después de la _____ de Jesús, es usado por Dios para _____ la _____ , el siguiente plan principal de Dios para el hombre.

C. Arco de la historia bíblica

(Escriba los nombres de las eras.)

1. C_____	5. J_____	9. S_____
2. P_____	6. R_____	10. G_____
3. E_____	7. E_____	11. C_____
4. C_____	8. R_____	12. M_____

D. Geografía de la era de la Iglesia

(Trace una flecha de Jerusalén a Samaria, y otra de Jerusalén a Judea, para representar el movimiento geográfico de la era de la Iglesia.)

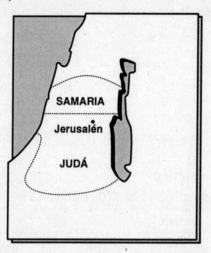

E. Historia de la Biblia

(Llene los espacios en blanco. Para verificar sus respuestas, véase el Apéndice.)

ERA	PERSONAJE	LUGAR	RESUMEN HISTÓRICO
_____	_____	_____	Adán es creado por Dios, pero _____ y _____ el _____ original de Dios para el hombre.
_____	_____	_____	Abraham es _____ por Dios para ser el «padre» de un _____ que _____ a Dios ante el mundo.
_____	_____	_____	Moisés _____ al pueblo hebreo de la _____ en Egipto y les da la _____.
_____	_____	_____	Josué dirige _____ de la _____.

ERA	PERSONAJE	LUGAR	RESUMEN HISTÓRICO
_____	_____	_____	Sansón y otros fueron escogidos como _____ para _____ al pueblo por _____ años de rebelión.
_____	_____	_____	David, el más grande rey en la nueva _____ , es seguido por una sucesión de reyes mayormente _____ y Dios a la larga _____ a Israel por su pecado, enviándolos al exilio.
_____	_____	_____	Daniel, por los siguientes setenta años, provee _____ y estimula a la _____ entre los _____ .
_____	_____	_____	Esdras _____ al pueblo de regreso del _____ para reedificar a _____ .
_____	_____	_____	Los *fariseos* y otros *sepultan* a los *israelitas* en el _____ por los siguientes _____ años.
_____	_____	_____	Jesús viene en cumplimiento de las _____ del Antiguo Testamento sobre un salvador, y ofrece _____ y el verdadero reino de Dios. En tanto que algunos lo aceptan, la mayoría lo _____ ; es crucificado, sepultado y resucita.
_____	_____	_____	Pedro, poco después de la _____ de Jesús, es usado por Dios para _____ la _____ , el siguiente plan principal de Dios para el hombre.

DIECIOCHO

LA ERA DE LAS MISIONES

(Hechos 13–28)

 Un misionero que servía en las Islas del Mar del Sur estaba enseñando a la gente acerca de la Navidad. «Dar regalos es un acto espontáneo de celebración por un acontecimiento extremadamente gozoso. Y por eso», explicaba, «muchas personas dan regalos a otras en Navidad. Es un acto que celebra la alegre ocasión del nacimiento de Cristo».

Como resultado de esa enseñanza un joven quiso darle al misionero un regalo por Navidad, pero como era una isla muy pobre, no había ninguno fácilmente disponible.

El día de Navidad alguien llamó a la puerta de la choza del misionero. Allí estaba el joven; este le dio una concha extremadamente rara y particularmente hermosa, que se sólo podía hallar en el extremo de la isla.

El misionero le agradeció por darle un regalo tan raro y hermoso, y traído de tanta distancia, a lo cual el joven replicó: «La larga caminata es parte del regalo».

¡Qué hermoso sentimiento! «La larga caminata es parte del regalo». Eso también ocurrió con el apóstol Pablo, que dejó una vida de comodidad y seguridad, para emprender otra más ardua de misionero, a fin de llevar el mensaje del evangelio a los gentiles en las naciones circunvecinas.

I. Repaso: Llene los espacios en blanco para actualizar la tabla con esta era.

Historia del Nuevo Testamento

ERA	PERSONAJE	LUGAR	RESUMEN HISTÓRICO
_____	_____	_____	*Jesús* viene en cumplimiento de las _____ del Antiguo Testamento sobre un salvador, ofreciendo _____ y el verdadero reino de Dios. En tanto que algunos lo aceptan, la mayoría lo _____ ; es crucificado, sepultado y resucita.
_____	_____	_____	Pedro, poco después de la _____ de Jesús, es usado por Dios para _____ la _____ , el siguiente plan principal de Dios para el hombre.
_____	_____	_____	A completarse luego.

II. Resumen histórico: *Pablo extiende* la Iglesia en el Imperio Romano durante las próximas dos décadas.

ERA	RESUMEN
Misiones:	*Pablo* _____ la Iglesia al Imperio _____ durante las próximas _____ .

III. Ampliación: Hay cuatro temas principales en la era de las misiones:

1. Primer viaje misionero
2. Segundo viaje misionero
3. Tercer viaje misionero
4. Juicios y cárcel

1. Primer viaje misionero: En Galacia por dos años
(Hechos 13-14)

En el primer viaje misionero de Pablo, él y Bernabé son escogidos por el Espíritu Santo para viajar a Galacia y llevar el evangelio a los gentiles que viven allí. Salen de Antioquía, el punto de partida de los tres viajes misioneros, y se quedan en *Galacia por dos años,* experimen-tando alentadores resultados. Después de que regresan a Jerusalén, se celebra un concilio en medio de mucha controversia, el cual determina que los gentiles no tienen que convertirse primero en judíos para llegar a ser cristianos.

2. Segundo viaje misionero: En Grecia por tres años
(Hechos 15-17)

Pablo sale de Antioquía para visitar a los creyentes que se habían convertido en su primer viaje. Sin embargo, recibe una visión de un hombre en Macedonia (Grecia) y cambia sus planes, yendo a Grecia con el mensaje del evangelio para los gentiles allí. Viaja por *Grecia durante tres años.*

3. Tercer viaje misionero: En Asia por cuatro años
(Hechos 18-21)

Pablo sale nuevamente para animar a los creyentes de sus dos primeros viajes, y para esparcir el mensaje del evangelio en Asia. Tiene gran éxito y gran oposición. En Éfeso, la ciudad entera estalla en un motín por su visita. Aunque se le advierte que será encarcelado si regresa a Jerusalén, de todas maneras lo hace, después de estar en *Asia por cuatro años,* y es arrestado de inmediato.

4. Juicios y cárcel: En una prisión romana por dos años
(Hechos 22-28)

Los líderes judíos en Jerusalén arrestan a Pablo con acusaciones falsas. Puesto que su vida corre peligro aquí, incluso bajo guardia, lo llevan a Cesarea, la capital romana del área. Allí lo someten a juicio bajo tres hombres: Felix, Festo y Agripa. Para frustrar el abuso de la justicia en el proceso, Pablo ejerce su derecho como ciudadano romano, de llevar el caso ante el César en Roma. Lo llevan allá, pero su caso nunca es llevado a juicio. Se dice que después de estar en *una prisión romana por dos años,* se le cortó la cabeza (el medio de ejecución establecido para un ciudadano romano).

Autoevaluación

A. Cuatro temas principales en la era de las misiones

(Combine el viaje misionero con sus lugares, seleccionando de las opciones que se indican a la izquierda.)

OPCIONES:	VIAJE:	LUGARES:
Primer viaje misionero	_____	Cárcel romana por dos años
Segundo viaje misionero	_____	Galacia por dos años
Tercer viaje misionero	_____	Asia por cuatro años
Juicios y cárcel	_____	Grecia por tres años

B. Resumen histórico (Llene los espacios en blanco de memoria.)

ERA	RESUMEN
Misiones:	*Pablo* _____ la Iglesia al Imperio _____ durante las próximas _____ .

C. Arco de la historia bíblica (Escriba los nombres de las eras.)

1. C_____
2. P_____
3. E_____
4. C_____
5. J_____
6. R_____
7. E_____
8. R_____
9. S_____
10. G_____
11. C_____
12. M_____

D. Geografía de la era de las misiones

(Trace una flecha desde Antioquía a Galacia, y ponga un 1 en ella. Marque otra de Antioquía a Grecia, y colóquele un 2. Luego, otra flecha desde Antioquía a Asia, y póngale un 3. Esto representa el movimiento geográfico de los viajes misioneros de Pablo. Ahora trace otra flecha desde Cesarea a Roma, y ponga un 4 en ella, para representar los juicios y el encarcelamiento de Pablo durante la era de las misiones.)

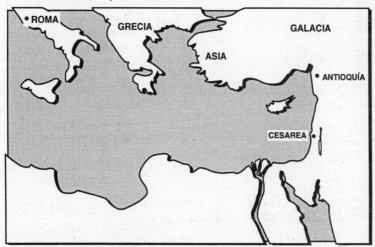

E. Historia de la Biblia

(Llene los espacios en blanco.)

ERA	PERSONAJE	LUGAR	RESUMEN HISTÓRICO
_____	_____	_____	Adán es creado por Dios, pero _____ y el _____ original de Dios para el hombre.
_____	_____	_____	Abraham es _____ por Dios para ser el «padre» de un _____ que _____ a Dios ante el mundo.
_____	_____	_____	Moisés _____ al pueblo hebreo de la _____ en Egipto y les da la _____.

ERA	PERSONAJE	LUGAR	RESUMEN HISTÓRICO
_____	_____	_____	Josué dirige _____ de la _____ .
_____	_____	_____	Sansón y otros fueron escogidos como _____ para _____ al pueblo por _____ años de rebelión.
_____	_____	_____	David, el más grande rey en la nueva _____ , es seguido por una sucesión de reyes mayormente _____ y Dios a la larga _____ a Israel por su pecado, enviándolos al exilio.
_____	_____	_____	Daniel, por los siguientes setenta años, provee _____ y estimula a la _____ entre los _____ .
_____	_____	_____	Esdras _____ al pueblo de regreso del __ _____ para reedificar a _____ .
_____	_____	_____	Los *fariseos* y otros ____ ____ a los *israelitas* en el _____ por los siguientes _____ años.
_____	_____	_____	Jesús viene en cumplimiento de las _____ del Antiguo Testamento sobre un salvador, ofreciendo _____ y el verdadero reino de Dios. En tanto que algunos lo aceptan, la mayoría lo _____ ; es crucificado, sepultado y resucita.

ERA	PERSONAJE	LUGAR	RESUMEN HISTÓRICO
_____	_____	_____	Pedro, poco después de la _____ de Jesús, es usado por Dios para _____ la _____ , el siguiente plan principal de Dios para el hombre.
_____	_____	_____	Pablo _____ la iglesia al Imperio _____ durante las próximas _____ .

DIECINUEVE

LAS EPÍSTOLAS
(Romanos–Apocalipsis)

 En un artículo de la revista *Selecciones* titulado «Envíe una sonrisa a alguien», se relata una historia cautivadora:

> Un día, poco después de nacer mi tercer hijo, recibí una nota de otra joven madre, amiga mía, que vivía apenas a tres calles de nuestra casa. No nos habíamos visto en todo el invierno.

«Hola, amiga», escribía. «Pienso en ti con frecuencia. Algún día tendremos tiempo para estar juntas como antes. Persiste en la lucha. Sé que eres una madre excelente. Te veo pronto, espero». Estaba firmada: «Tu amiga secreta, Sue Ann».

Esas pocas palabras me levantaron el ánimo y añadieron ungüento de amor a un día ajetreado. Recuerdo haber pensado: Gracias, Sue Ann. Lo necesitaba.

Cuando salí a franquear una nota, noté que un vecino abría su buzón. El Señor Williams agachó su cabeza y su paso me pareció más lento mientras entraba en su casa con las manos vacías. Como alcancé a oír que mi bebé lloraba, corrí a mi casa, pero no pude sacar al Señor Williams de mi cabeza. No era que esperara algún cheque, porque era muy acomodado. Quizás estaba buscando un poco de cariño en su buzón. Mientras Meagan dibujó un cuadro de un buzón sonriendo y Tami un arco iris, yo escribí una notita. «Somos sus admiradoras secretas», empezaba. Añadimos un relato favorito y un poema. «Espere recibir noticias nuestras con frecuencia», escribí en el sobre.

Al día siguiente mis hijas y yo observamos al señor Williams recoger su correspondencia y abrir el sobre precisamente al pie de su buzón. Incluso a la distancia podíamos ver que sonreía.

Mi mente empezó a devanarse al pensar en todas aquellas personas que pudieran usar una sonrisa en sus buzones. ¿Qué de la quinceañera que padece del síndrome de Downs, y que vive cerca de mis padres, cuyo cumpleaños se acerca? ¿Qué de los ancianos recluidos en el asilo cerca a nuestra casa? ¿La mujer inválida en nuestro antiguo barrio? ¿Las incontables personas que ni siquiera conocía, pero que todavía creían en la cortesía y en brindar un buen servicio en los almacenes, en las oficinas y en los restaurantes? Incluso en los días más ajetreados podía darme tiempo para escribir por lo menos una nota.

Pueden ser cortas, pero deben ser anónimas. Al principio quise recibir el crédito por las notas. Pero ahora, escribirlas en secreto añade un sentido de aventura. Es más divertido. Una vez oí sin proponérmelo que hablaban de la Señora Fantasma de las Notas. Hablaban de mí, pero no lo sabían, ni yo iba a decírselo.

Pablo y otros escritores de la Biblia tenía preocupaciones similares por las personas que amaban. Escribieron cartas tanto a congregaciones de iglesias como a individuos, para animarles e instruirles, las cuales fueron preservadas, en la providencia de Dios; y con el correr del tiempo fueron compiladas en la sección de «Epístolas» de la Biblia. Las epístolas son eso, simplemente cartas.

Usted recordará que trece de ellas fueron escritas por el apóstol Pablo, mientras que las nueve restantes son de diferentes autores. La tabla en la sección de repaso que sigue muestra la distinción entre las epístolas paulinas y las epístolas generales.

I. Repaso:

Estructura del Nuevo Testamento

Históricos	Epístolas paulinas	Epístolas generales
Mateo	A IGLESIAS:	Hebreos
Marcos	Romanos	Santiago
Lucas	1 Corintios	1 Pedro
Juan	2 Corintios	2 Pedro
Hechos	Gálatas	1 Juan
	Efesios	2 Juan
	Filipenses	3 Juan
	Colosenses	Judas
	1 Tesalonicenses	Revelación
	2 Tesalonicenses	
	A INDIVIDUOS:	
	1 Timoteo	
	2 Timoteo	
	Tito	
	Filemón	

Hemos completado nuestro estudio de la historia. De Mateo a Hechos extendemos una línea de tiempo como escenario para la historia del Nuevo Testamento. Algunas de las epístolas fueron escritas durante ese tiempo, y otras después que ese período concluye al finalizar el libro de los Hechos. Esto hace el asunto un poco confuso, y algo frustrante, porque quisiéramos que los «Libros Históricos» nos contaran la historia durante el tiempo en que fueron escritas las epístolas. Pero no lo hacen, sin embargo, y se nos deja para que la armemos como podamos, a base de las referencias que aparecen en las epístolas.

La siguiente tabla muestra cuándo fueron escritas las epístolas, en referencia al tiempo registrado en los «Libros Históricos». Los números son años después del nacimiento de Cristo. Los evangelios cubren el tiempo desde su nacimiento hasta su muerte, aproximadamente a los treinta años. Hechos empieza de inmediato, y registra los acontecimientos hasta alrededor del año 60 d.C. Vemos entonces que Gálatas fue escrita durante el período del libro de los Hechos, específicamente en el 48 d.C. Primera y Segunda Tesalonicenses fueron escritas alrededor del 50 d.C., etc. Los libros de la segunda sección son las epístolas paulinas y los de la última son las epístolas generales.

Cronología del Nuevo Testamento

Libros históricos

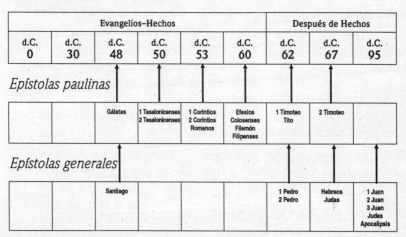

		Evangelios–Hechos				Después de Hechos		
d.C. 0	d.C. 30	d.C. 48	d.C. 50	d.C. 53	d.C. 60	d.C. 62	d.C. 67	d.C. 95

Epístolas paulinas

		Gálatas	1 Tesalonicenses 2 Tesalonicenses	1 Corintios 2 Corintios Romanos	Efesios Colosenses Filemón Filipenses	1 Timoteo Tito	2 Timoteo	

Epístolas generales

		Santiago				1 Pedro 2 Pedro	Hebreos Judas	1 Juan 2 Juan 3 Juan Judas Apocalipsis

II. Vistazo: Las *epístolas* son cartas a iglesias y a individuos para animarles e instruirles en la fe cristiana.

REPASO:

Las epístolas son cartas a iglesias y a individuos para _____ e _____ en la fe cristiana.

III. Ampliación: Hay cuatro temas principales que tratar al estudiar las epístolas:

1. La naturaleza de las epístolas
2. Epístolas paulinas a iglesias
3. Epístolas paulinas a individuos
4. Epístolas generales

1. La naturaleza de las epístolas: Doctrina, luego deber

Las epístolas son cartas escritas a iglesias, individuos o, en algunos casos, al público cristiano en general. Tratan problemas y asuntos específicos de la era, pero lo hacen de tal manera que la información es universal y para todos los tiempos. El modelo típico consiste en escribir una sección doctrinal, y a continuación seguir con las implicaciones prácticas de esa verdad. *Doctrina, luego deber.* Principio, luego práctica.

2. Epístolas paulinas a iglesias: Cartas a iglesias locales

Trece de las veintidós epístolas del Nuevo Testamento fueron escritas por el apóstol Pablo. Nueve son *cartas a iglesias locales*, y reciben el nombre de acuerdo a la Iglesia a la cual fueron escritas.

(Conforme lee la descripción del libro, note las palabras en *cursivas*. Inmediatamente después de la descripción de cada libro, se repite la descripción con un espacio en blanco en lugar de la palabra en *cursivas*. Llene el espacio en blanco.)

Romanos: fuertemente doctrinal, con la doctrina más completa en toda la Biblia, de la *salvación* por gracia por medio de la fe.

Romanos: fuertemente doctrinal, con la más completa doctrina, en toda la Biblia, de la _____ por gracia por medio de la fe.

1 y 2 Corintios: fuertemente prácticas, tratan una serie de *problemas* específicos en la Iglesia corintia.

1 y 2 Corintios: fuertemente prácticas, tratan una serie de _____ específicos en la iglesia corintia.

Gálatas: escrita a algunos de los primeros convertidos de Pablo, para refutar el *legalismo*.

Gálatas: escrita a algunos de los primeros convertidos de Pablo, para refutar el _____ .

Efesios: trata con la *posición* del creyente en Cristo y sus implicaciones prácticas.

Efesios: trata con la _____ del creyente en Cristo y sus implicaciones prácticas.

Filipenses: una carta afectuosa de *gozo* que anima a pesar de las pruebas.

Filipenses: una carta afectuosa de _____ que anima a pesar de las pruebas.

Colosenses: la *preeminencia* de Cristo es su tema principal.

Colosenses: la _____ de Cristo es su tema principal.

1 y 2 Tesalonicenses: cartas muy personales que tratan con cuestiones específicas en la iglesia de Tesalónica, incluyendo la *profecía* y la vida *práctica*.

1 y 2 Tesalonicenses: cartas muy personales que tratan con cuestiones específicas en la iglesia de Tesalónica, incluyendo la _____ y la vida _____ .

3. Epístolas paulinas a individuos: Cartas a individuos y pastores.

Cuatro de las cartas de Pablo son escritas a *individuos y pastores*, y reciben su nombre de acuerdo a quien se escribió.

1 y 2 Timoteo: dos cartas a un joven pastor en Éfeso. La primera le *aconseja* acerca de cuestiones de la iglesia local, y la segunda le *anima* a permanecer fuerte en la fe en medio de las pruebas.

1 y 2 Timoteo: dos cartas a un joven pastor en Éfeso. La primera le _____ acerca de cuestiones de la iglesia local, y la segunda le _____ a permanecer fuerte en la fe en medio de las pruebas.

Tito: escrita al pastor de la iglesia en la isla de Creta, trata mayormente cuestiones de la iglesia local, incluyendo los *requisitos* de los líderes de la iglesia.

Tito: escrita al pastor de la iglesia en la isla de Creta, trata mayormente cuestiones de la iglesia local, incluyendo los _____ de los líderes de la iglesia.

Filemón: escrita al dueño de un esclavo; urge un trato benigno para el *esclavo* fugitivo que se había convertido y que regresaba a su amo cristiano.

Filemón: escrita al dueño de un esclavo; urge un trato benigno para el _____ fugitivo que se había convertido y que regresaba a su amo cristiano.

4. Epístolas generales: Cartas al público cristiano

Escritas por varios autores, las nueve epístolas generales son *cartas al público cristiano* (con la única excepción de 2 y 3 Juan). Usualmente reciben su nombre de acuerdo a quien las escribió.

Hebreos: fuertemente *doctrinal,* este libro recurre ampliamente a la verdad del Antiguo Testamento para enseñar la del Nuevo Testamento a un público judío.

Hebreos: fuertemente _____ , este libro recurre ampliamente a la verdad del Antiguo Testamento para enseñar la del Nuevo Testamento a un público judío.

Santiago: un tratamiento incisivo y práctico de la operación apropiada de la *fe* cristiana en la vida diaria.

Santiago: un tratamiento incisivo y práctico de la operación apropiada de la _____ cristiana en la vida diaria.

1 y 2 Pedro: escritas a creyentes esparcidos por toda Asia y Galacia, tratan con la respuesta apropiada al *sufrimiento* y a la oposición.

1 y 2 Pedro: escritas a creyentes esparcidos por toda Asia y Galacia, tratan con la respuesta apropiada al _____ y a la oposición.

1, 2 y 3 Juan: cartas del apóstol Juan que tratan del *amor* de Dios y su operación en la vida de los cristianos.

1, 2 y 3 Juan: cartas del apóstol Juan que tratan del _____ de Dios y su operación en la vida de los cristianos.

Judas: un libro corto pero poderoso, *advierte* en contra de la vida impía.

Judas: un libro corto pero poderoso, _____ en contra de la vida impía.

Apocalipsis: un libro gigante, fuertemente profético, que trata con la naturaleza y cronología de *los últimos tiempos*.

Apocalipsis: un libro gigante, fuertemente profético, que trata con la naturaleza y cronología de _____ .

Repaso
(En las siguientes páginas escriba el nombre del libro correspondiente a su descripción.)

1. Epístolas paulinas a iglesias:

a. Colosenses

b. Efesios

c. Gálatas

d. 1 y 2 Corintios

e. Romanos

f. 1 y 2 Tesalonicenses

g. Filipenses

_____ fuertemente doctrinal, con la más completa doctrina, en toda la Biblia, de la *salvación* por gracia por medio de la fe.

_____ fuertemente prácticas, tratan una serie de *problemas* específicos en la iglesia corintia.

_____ escrita a algunos de los primeros convertidos de Pablo, para refutar el *legalismo*.

_____ trata con la *posición* del creyente en Cristo y sus implicaciones prácticas.

_____ una carta afectuosa de *gozo* que anima a pesar de las pruebas.

_____ la *preeminencia* de Cristo es su tema principal.

_____ cartas muy personales que tratan con cuestiones específicas en la iglesia de Tesalónica, incluyendo la *profecía* y la vida *práctica*.

2. Epístolas paulinas a individuos

a. Filemón

b. 1 y 2 Timoteo

_____ dos cartas a un joven pastor en Éfeso. La primera le *aconseja* acerca de cuestiones de la iglesia local, y la segunda le *anima* a permanecer fuerte en la fe en medio de las pruebas.

c. Tito   _____ escrita al pastor de la iglesia en la isla de Creta, trata mayormente cuestiones de la iglesia local, incluyendo los *requisitos* de los líderes de la iglesia.

_____ escrita al dueño de un esclavo; urge un trato benigno para el *esclavo* fugitivo que se había convertido y que regresaba a su amo cristiano.

3. Epístolas generales

a. Apocalipsis   _____ fuertemente *doctrinal*, este libro recurre ampliamente a la verdad del Antiguo Testamento para enseñar la del Nuevo Testamento a un público judío.

b. 1, 2 y 3 de Juan

c. Hebreos

d. 1 y 2 Pedro   _____ un tratamiento incisivo y práctico de la operación apropiada de la *fe* cristiana en la vida diaria.

e. Santiago

f. Judas   _____ escritas a creyentes esparcidos por toda Asia y Galacia, tratan con la respuesta apropiada al *sufrimiento* y a la oposición.

_____ cartas del apóstol Juan que tratan del *amor* de Dios y su operación en la vida de los cristianos.

_____ un libro corto pero poderoso, *advierte* en contra de la vida impía.

_____ un libro gigante, fuertemente profético, que trata con la naturaleza y cronología de *los últimos tiempos*.

Autoevaluación

Cuatro distinciones principales a considerar al estudiar las epístolas

(Escriba las epístolas correspondientes a las opciones indicadas a la derecha.)

OPCIONES:	EPÍSTOLAS:	DESCRIPCIÓN:
La naturaleza de las epístolas	_____	Cartas a individuos y pastores
Epístolas paulinas a iglesias	_____	Cartas a iglesias locales
Epístolas paulinas a individuos	_____	Cartas al público cristiano
Epístolas generales	_____	Doctrina, luego deber

¡Felicitaciones! Acaba de completar un vistazo básico a la historia de la Biblia, ¡incluidos todos sus sesenta y seis libros! Desde los libros históricos del Antiguo al Nuevo Testamento usted ha aprendido: todas las eras fundamentales, todos los personajes centrales, y todos los lugares esenciales de la geografía; todo unido a un resumen histórico de la cronología de la Biblia. En esa cronología usted también ha aprendido dónde encajan los otros libros poéticos y proféticos del Antiguo Testamento y las epístolas del Nuevo Testamento.

Ahora usted está listo para la próxima sección, que le dará un panorama general de la Biblia.

PANORAMA GENERAL DE LA BIBLIA

VEINTE

UNA COMPARACIÓN DE LOS CUATRO EVANGELIOS

Mientras escribía este capítulo un amigo me dijo cuán confundido solía estar respecto al hecho de que hay *cuatro* Evangelios. Estaba en el ejército, en Vietnam, en un área segura, y aburrido hasta el cansancio, así que empezó a leer el libro de Mateo en el Nuevo Testamento que le había sido entregado. Se quedó maravillado. Jamás había leído la Biblia. Cuando terminó Mateo, inmediatamente empezó a leer Marcos. Se sorprendió al notar que era básicamente la misma historia. Es más, casi todo Marcos estaba en Mateo. Pero, todavía muy interesado, continuó leyendo. Cuando terminó Marcos empezó Lucas y, ¡vaya, vaya! Era la misma historia. Dio por sentado que todos los demás libros del Nuevo Testamento contenían la misma historia, la vida de Cristo, de modo que no se sorprendió al terminar Lucas y empezar Juan, de encontrar otra vez la misma historia. Pero Juan, se percató, era un poco diferente de los primeros tres Evangelios.

Con toda esta lectura se sintió bajo la convicción del Espíritu Santo y le rindió la vida a Cristo mientras leía el Evangelio de Juan. Cuando lo concluyó como nuevo cristiano, con anhelo empezó el libro de los Hechos, esperando que fuera otro relato de la vida de Cristo. ¡Imagínese su sorpresa al ver que no lo era! Su concepto total del Nuevo Testamento quedó destrozado, aun cuando admitió que fue una sorpresa bien recibida. No obstante, por un tiempo siguió confuso respecto a por qué hay cuatro Evangelios.

Mientras más grande es una persona, más libros se escriben sobre ella después de que muere. Usted hallará muchos grandes libros escritos sobre líderes tales como Thomas Jefferson, Abraham Lincoln y Winston Churchill. La razón es que varios autores tienen diferentes perspectivas y diversos fragmentos de información respecto a los grandes personajes. Todos conocemos los éxitos políticos de Thomas Jefferson, quien escribió la Declaración de la Independencia [de los Estados Unidos] y fue su tercer presidente. Pero tal vez conocemos menos su capacidad como astrónomo o músico o agricultor. Tengo en mi biblioteca un libro titulado *The Domestic Life of Thomas Jefferson* [La vida hogareña de Thomas Jefferson] que enfoca su hogar, su familia y sus hábitos diarios en Monticello, las plantas que cultivaba, los alimentos que prefería, la manera en que atendía a sus amigos, y así por el estilo. Casi ni toca su vida política. Fue muy enriquecedor leerlo, y me alegra que alguien decidiera escribir respecto a su vida desde una perspectiva diferente a la de sus logros políticos.

Eso, en esencia, es el porqué hay cuatro Evangelios en el Nuevo Testamento. Estos cuatro hombres conocieron a Jesús íntimamente. Todos pasaron años con Él. Todos tenían diferentes perspectivas desde la que observaron su vida. Escribieron para diferentes públicos. Mateo era un judío y cobrador de impuestos. Lucas era un gentil y médico. Cada uno tenía una perspectiva significativamente diferente de la vida de Jesús, y al contar con libros escritos por ambos, tenemos un cuadro más completo. Lo mismo ocurre respecto a Marcos y a Juan.

El Nuevo Testamento empieza con los cuatro libros llamados Evangelios porque presentan las «buenas noticias» (el significado literal de *evangelio*) de que Dios ha venido a morir por el hombre, para que este pueda vivir con Dios. Los cuatro Evangelios están dirigidos a diferentes públicos, y cada uno enfatiza un aspecto distintivo de la identidad y la misión de Jesús. Juntos estos relatos complementarios proveen un cuadro rico y claro de Jesús. A Mateo, Marcos y Lucas se les llama Evangelios Sinópticos (literalmente «vistos juntos») porque, en contraste con Juan, ven la vida de Cristo más o menos desde el mismo punto de vista, y tienen muchos detalles en común. Juan es diferente a los Evangelios Sinópticos y se destaca como un cuadro único de la vida de Cristo.

1. Mateo

a. Panorama

Mateo es el Evangelio más adecuado para servir de puente entre el Antiguo Testamento y el Nuevo. Presenta a Jesús como el rey mesiánico prometido a Israel. Fue escrito por un judío para convencer a un público judío, y por eso tiene un fuerte sabor judío.

El libro empieza con una genealogía que retrocede hasta Abraham, el padre de todos los judíos, para mostrar el derecho legal de Jesús al trono de David. Mateo hace esfuerzos especiales para demostrar que todos los sucesos significativos de la vida de Jesús: su nacimiento, lugar donde nació, su lugar de residencia, ministerio y muerte, cumplen directamente la profecía del Antiguo Testamento, y cita de este más que cualquier otro escritor de los Evangelios.

b. Autoría

Cada uno de los cuatro Evangelios es anónimo en el sentido de que ninguno identifica específicamente al autor; como lo hacen muchos otros libros del Nuevo Testamento (por ejemplo: Romanos 1.1-4). Los manuscritos griegos más antiguos que poseemos titula el primer Evangelio «Según Mateo».

Mateo, también conocido como Leví (Marcos 2.14; Lucas 5.27), era un publicano, un cobrador judío de impuestos que recaudaba para el gobierno romano de ocupación. Los cobradores de impuestos eran muy odiados por su colaboración con los romanos, algo que ningún «buen» judío haría, y su codicia (se les permitía guardar como ganancia todo lo que podían cobrar por sobre lo que debían entregar a los romanos). Como cobrador de impuestos Mateo era (humanamente hablando) una de las personas en Israel con menos probabilidad de ser escogido para ser apóstol (9.9-13; Marcos 2.14; Lucas 5.27) o para escribir uno de los cuatro Evangelios. Sin embargo, la evidencia respalda la autoría de Mateo del primer Evangelio.

Desde los primeros tiempos la iglesia primitiva clara y unánimemente identificó a Mateo como el autor. Una serie de indicaciones internas también respaldan la autoría de este cobrador de impuestos. Por ejemplo, el primer Evangelio tiene más referencias al dinero que cualquiera de los otros tres. Tres términos usados en Mateo para describir el dinero no se encuentran en ninguna otra parte del Nuevo Testamento: el tributo de «las dos dracmas» (17.24), «estatero» (17.27), y «talentos» (18.24). Mateo muestra su humildad cristiana al referirse a sí mismo como «Mateo el publicano».

c. Fecha

Una fecha antes del 70 d.C. es probable puesto que: (1) la destrucción del templo se predice en Mateo 24, (2) el Evangelio no indica que Jerusalén haya caído, y (3) las referencias a Jerusalén como la «santa ciudad» (4.5; 27.53) implican su existencia continua.

d. Ocasión y propósito

Primero, Mateo quería convencer a los judíos incrédulos que Jesús es el Mesías. Segundo, escribió para animar a los judíos creyentes explicando el plan de Dios para su reino. Si los judíos habían en verdad crucificado a su Mesías y Rey, ¿qué sería de ellos? Mateo explica que aun cuando Dios juzgará a esa generación de israelitas, el reino davídico prometido sería establecido en un tiempo posterior. En el ínterin los creyentes son responsables de proclamar un mensaje de fe en el Mesías, mientras hacen discípulos en las naciones conforme el reino toma una forma diferente.

Resumen: El Evangelio de Mateo fue escrito por un judío a un público de judíos para convencerles de que Jesús era el Mesías, el *Rey* de los judíos.

REPASO:

El Evangelio de Mateo fue escrito por un judío a un público de judíos para convencerles de que Jesús era el Mesías, el _____ de los judíos.

---

2. Marcos

a. Panorama

El Evangelio de Marcos presenta a Jesús como el Siervo que vino «para servir, y para dar su vida en rescate por muchos» (10.45). Aun cuando Jesús empieza sirviendo a las multitudes, la segunda parte de Marcos se enfoca en sus enseñanzas y ministerio a sus discípulos. Marcos dedica el treinta y seis por ciento de su libro a los sucesos de la semana final de Cristo, los ocho días que transcurrieron desde su entrada en Jerusalén (11.1-11) hasta su resurrección (16.1-8). Es el más corto de los Evangelios y es directo y al punto, enfatizando la acción antes que la enseñanza detallada. La palabra *inmediatamente* se encuentra una vez tras otra por todo el libro.

b. Autoría

Los padres de la iglesia primitiva unánimemente concuerdan en que: (1) el segundo Evangelio fue escrito por Marcos, y (2) la fuente de la información para este evangelio es la predicación de Pedro. Damos por sentado que el «Marcos» a quien se refiere es la misma persona que «Juan [nombre hebreo], el que tenía por sobrenombre Marcos [nombre latino]» (Hechos 12.12, 25; 15.37) mencionado diez veces en el Nuevo Testamento (véanse también Hechos 13.5, 13; 15.39; Colosenses 4.10; 2 Timoteo 4.11; Filemón 24, 1 Pedro 5.13).

Juan Marcos era un judío cristiano, hijo de María, cuya casa fue un lugar donde se reunían los primeros cristianos (Hechos 12.12). Puede haber llegado a ser cristiano bajo la influencia de Pedro (nótese 1 Pedro 5.13, donde Pedro se refiere a él como «mi hijo»). Después de perder su buena opinión ante el apóstol Pablo durante un viaje misionero, evidentemente la brecha fue cerrada, porque Pablo envía a buscar a Marcos más tarde, escribiendo que le «es útil para el ministerio» (2 Timoteo 4.11).

c. Fecha

El relato de Marcos centrado alrededor de la predicción de Jesús sobre la destrucción del templo de Jerusalén, sugiere una fecha antes de 70 d.C., que es cuando el templo fue destruido por el ejército romano. Muchos eruditos opinan que Mateo y Lucas usaron el Evangelio de Marcos como una fuente para sus propios Evangelios. Si es así, el libro fue probablemente escrito entre 55 y 63 d.C.

d. Ocasión y propósito

El testimonio arrollador de la iglesia primitiva es que el segundo Evangelio fue escrito en Roma, principalmente para cristianos gentiles romanos, y muchos de los rasgos del libro respaldan esa conclusión. Por ejemplo, Marcos no cita mucho del Antiguo Testamento; no se esperaría que lo haga para personas que en su mayoría no estarían familiarizados con él. Explica las costumbres judías, lo que no haría si estuviera escribiendo a judíos (7.3-4). Usa el método romano de medir el tiempo (6.8), etc.

El Evangelio de Marcos presenta a Jesús como el Siervo que vino «para servir, y para dar su vida en rescate por muchos» (10.45); su propósito fue principalmente pastoral. La palabra griega para *discípulo* («aprendiz») ocurre alrededor de cuarenta veces, siempre en plural y refiriéndose a los doce apóstoles solamente. Uno de los más asombrosos aspectos de la presentación que Marcos hace de los discípulos es cómo, a menudo, ellos interpretaron mal los caminos de Dios y la identidad de Jesús, e incluso lo negaron (por ejemplo, 4.13, 40; 6.52; 7.17-19; 8.17-21; 14.21, 27). Marcos al parecer quería que sus lectores entendieran que el discipulado y el fracaso no se excluyen mutuamente; el realismo bíblico ayudaría a que los cristianos romanos no se dieran por vencidos y desilusionados al enfrentar la adversidad y tropezar.

Resumen: Marcos es un gentil, escribiendo a cristianos romanos, presentando a Jesús como un *Siervo* perfecto.

REPASO:

Marcos es un gentil, escribiendo a cristianos romanos, presentando a Jesús como un _____ perfecto.

---

3. Lucas

a. Panorama

El Evangelio de Lucas presenta a Jesús como el perfecto «Hijo del Hombre» que «vino a buscar y a salvar lo que se había perdido» (19.10). Lucas enfatiza la perfecta humanidad y la misión redentora de Jesús. Las cualidades humanas de Cristo serían de particular interés al público a quien se dirige el Evangelio, primero un funcionario del gobierno conocido como Teófilo (1.3), y luego otros de un trasfondo idealista griego. Lucas enfatiza el mensaje universal del evangelio más que los otros escritores de los Evangelios, escribiendo con frecuencia acerca de la fe de mujeres y niños, proscritos de la sociedad judía, gentiles y samaritanos.

b. Autoría

Nadie en la iglesia primitiva puso en tela de juicio que el tercer Evangelio fue escrito por Lucas, el «médico amado» (Colosenses 4.14) y compañero misionero de Pablo. Los prólogos del Evangelio de Lucas (1.1-4) y de Hechos (Hechos 1.1-5) indican que ambos libros fueron escritos a un hombre llamado Teófilo, como una historia en dos partes.

Lucas fue evidentemente un gentil, porque en Colosenses 4.10-14 Pablo nota que las otras tres personas eran sus únicos colaboradores judíos, pero menciona a Lucas con dos gentiles. El idioma griego que se halla en Lucas y Hechos generalmente se considera el más elegante entre los escritos del Nuevo Testamento. La habilidad de Lucas para usar el griego, y sus actitudes, sugieren que era griego. La tradición dice que era de Antioquía de Siria.

c. Fecha

La mayoría de los eruditos creen que el Evangelio de Lucas fue escrito después del de Marcos, el cual fue usado como fuente. Lucas claramente escribió el tercer Evangelio antes que Hechos, en donde se refiere a «mi primer tratado» (Hechos 1.1). Hechos fue probablemente escrito antes del tiempo de la persecución bajo Nerón (64 d.C.), porque concluye con Pablo todavía vivo y en la prisión. Por consiguiente, una fecha a fines de los cincuenta o a principios de los sesenta parece ser apropiada.

d. Ocasión

El Evangelio de Lucas está dedicado al «excelentísimo Teófilo» (1.3), nombre que significa «amado de Dios» o «amigo de Dios». El título «excelentísimo» o «nobilísimo» indica una alta posición social (compárese con Hechos 23.26; 24.3 y 26.25, en donde se lo usa para describir a funcionarios del gobierno). Teófilo puede haber sido el mecenas literario de Lucas, que procuraría que el libro llegara a un público más numeroso. En cualquier caso, es probable que Teófilo fuera gentil, debido a la materia especial del libro y el énfasis en toda la obra de que la respuesta apropiada de *todas* las personas es seguir a Jesús.

Lucas tenía dos propósitos al escribir su Evangelio. El primero era autenticar la fe de Teófilo, demostrando que lo que se le había enseñado estaba firmemente arraigado en la historia (1.3-4); Sin embargo, el segundo propósito de Lucas era presentar a Jesús como el Hijo del Hombre que ha traído la salvación del reino de Dios a todos los que le siguen, gentiles como judíos. Como se nota en el panorama de esta discusión, el tema de este Evangelio es que Jesús es el perfecto «Hijo del Hombre» que «vino a buscar y a salvar lo que se había perdido» (Lucas 19.10).

Resumen: Lucas es un griego que escribe a un público griego para convencerles de que Jesús era el perfecto Hijo del *Hombre*.

REPASO:

Lucas es un griego que escribe a un público griego para convencerles de que Jesús era el perfecto Hijo del _____ .

4. Juan

a. Panorama

Juan escribe para convencer a un público universal que Jesús es el Hijo de Dios, para que así puedan tener vida eterna al creer en Él (20.30-31). Para este fin Juan nos dice que redacta su Evangelio en base a siete señales milagrosas que Jesús hizo. En adición a esas señales, Juan registra siete grandes dichos de Cristo que empiezan con las palabras «Yo soy».

b. Autoría

Hablando estrictamente, el cuarto Evangelio, como los otros tres, es anónimo. El autor es identificado solamente como el discípulo «al cual Jesús amaba» (13.23; 20.2; 21.7 y compárese con 19.26). La evidencia de los padres de la iglesia primitiva favorece la identificación de Juan, el anciano de Éfeso, que probablemente era el apóstol Juan. Un proceso de eliminación deja a ese apóstol como el candidato más probable.

Juan y su hermano Jacobo eran los hijos de Zebedeo; Jesús les apodó «hijos del trueno» (Marcos 3.17). Ambos eran pescadores galileos antes de que Jesús los llamara (Juan 1.19-51). Una comparación de varios textos sugiere que también eran primos en primer grado de Jesús. (Esto explicaría el mandamiento de Jesús desde la cruz a Juan para cuidar a su madre María; véase 19.27). Tanto Jacobo como Juan fueron seleccionados como apóstoles (Marcos 3.16-19) y, con Pedro, sirvieron como el círculo íntimo de ese grupo (por ejemplo, véase Marcos 5.37; 9.32; 14.33). La mayoría de los eruditos creen que Juan fue «el discípulo al cual Jesús amaba», o el apóstol que era más íntimo con Cristo.

Juan llegó a ser uno de los líderes de la iglesia primitiva en Jerusalén, junto con Pedro y Jacobo (el medio hermano de Cristo, no el hermano de Juan que llegó a ser uno de los primeros mártires, Gálatas 2.9). Hay una fuerte tradición de que Juan posteriormente pasó muchos años trabajando en la iglesia de Éfeso, la que Pablo había fundado. Se cree que murió en el exilio en Patmos, una isla en las afueras de la costa de Asia Menor (compárese con Apocalipsis 1.9-11).

c. Fecha

Las fechas probables para esta obra que, de acuerdo a la tradición fue escrita en Éfeso, es entre 70 a 90 d.C.

d. Ocasión y propósito

Este Evangelio claramente indica su propósito: «éstas [señales milagrosas] quedan escritas para que ustedes crean que Jesús es el Cristo, el Hijo de Dios, y para que al creer tengan vida en su nombre» (Juan 20.31, NVI). Juan escribió su Evangelio para complementar los tres Evangelios Sinópticos que ya habían sido escritos. Indicó que fue selectivo al escoger su material (20.30). Escogió ciertas señales para demostrar que Jesús era digno de fe. Mientras que Mateo escribió para un público judío, y Marcos y Lucas parecen haber pesado en el mundo gentil (romanos y griegos), el Evangelio de Juan, al parecer, se dirige a un público universal. Juan quería convencer a sus lectores judíos de que Jesús es el Mesías, y a los gentiles que es el Hijo de Dios. Escribió, no tanto para presentar nueva información, como para confrontar a sus lectores con la necesidad de tomar una decisión para que pudieran tener la vida eterna.

Resumen: Juan escribió a un público universal para convencerlos de que Jesús era el Hijo de *Dios*.

REPASO:

Juan escribió a un público universal para convencerlos de que Jesús era el Hijo de _____ .

REPASO

1. Panorama:

a. Los cuatro Evangelios registran la vida de Jesús, cada uno desde una *perspectiva* diferente.

b. Tres de los Evangelios son llamados Sinópticos (literalmente «vistos juntos») porque presentan la vida de Cristo básicamente desde el mismo punto de vista *histórico*. Son Mateo, Marcos y Lucas.

c. Juan presenta la vida de Cristo desde un punto de vista *temático,* destacando siete milagros y siete «dichos» de Cristo.

2. Evangelios:

a. Mateo era un judío, escribiendo a un público judío para convencerles de que Jesús era el Mesías, el *Rey* de los judíos.

b. Marcos es un gentil, escribiendo a cristianos romanos, presentando a Jesús como un *Siervo* perfecto.

c. Lucas escribió a un público griego para convencerles de que Jesús era el perfecto Hijo del *Hombre.*

d. Juan escribió a un público universal para convencerlos de que Jesús era el Hijo de *Dios.*

Autoevaluación

1. Panorama

a. Los cuatro Evangelios registran la vida de Jesús, cada uno desde una _____ diferente.

b. Tres de los Evangelios son llamados Sinópticos (literalmente «vistos juntos») porque presentan la vida de Cristo básicamente desde el mismo punto de vista _____. Son Mateo, Marcos y Lucas.

c. Juan presenta la vida de Cristo desde un punto de vista ____ , destacando siete milagros y siete «dichos» de Cristo.

2. Evangelios:

a. Mateo era un judío, escribiendo a un público judío para convencerles de que Jesús era el Mesías, el _____ de los judíos.

b. Marcos es un gentil, escribiendo a cristianos romanos, presentando a Jesús como un _____ perfecto.

c. Lucas escribió a un público griego para convencerles de que Jesús era el perfecto Hijo del _____ .

d. Juan escribió a un público universal para convencerlos de que Jesús era el Hijo de _____ .

VEINTIUNO

LAS PARÁBOLAS DE JESÚS

 A todos nos gusta un buen relato, así que a todos nos agrada quien sabe contarlo. Una persona que puede contar una buena historia nunca carecerá de público. Todos los cómicos y comediantes son, en esencia, simplemente buenos para relatar una historia. Los oradores más populares son con frecuencia, buenos para contar historias. Los presidentes John Kennedy y Ronald Reagan tenían habilidad para contar historias. Su humor, ingenuidad y capacidad para reírse, incluso de sí mismos, fueron características atractivas que les ganaron el corazón de los estadounidenses.

Kennedy fue especialmente listo para destacar la ironía de un cuento. Durante la Segunda Guerra Mundial sirvió a la Armada de los Estados Unidos y se hallaba en el Pacífico. En agosto de 1943, en el estrecho Blackout en las Islas Salomón, un destructor japonés embistió su nave. Kennedy y algunos otros lograron llegar a una isla cercana, pero hallaron que estaba en poder de los japoneses. Entonces él y otro oficial nadaron hasta otra isla, en donde persuadieron a los habitantes para que enviaran un mensaje a otros de las fuerzas de los E.E. U.U., las cuales los rescataron. Después de su elección como presidente, el comentario de Kennedy respecto a su reputación como héroe fue: «Fue algo involuntario. Ellos me hundieron el barco». Ronald Reagan fue muy hábil en el uso de chistes. En su autobiografía (*Ronald Reagan, An American Life* [*Ronald Reagan, una vida estadounidense*] p. 700), cuenta de la ocasión cuando estaba negociando una reducción de las armas nucleares con Mikhail Gorbachev, en ese entonces secretario general de la Unión Soviética. Reagan pensó que un cuento aflojaría un poco la tensión entre ambos.

> Le dije que había estado coleccionando cuentos acerca de los rusos: aun cuando había un buen número de los que había oído que *no podía* decírselos, le dije uno sobre un estadounidense y un ruso que

discutían respecto a los méritos de sus respectivos países. El estadounidense dijo: «Mira, en mi país puedo entrar hasta la misma oficina oval, y golpear con mi puño el escritorio del presidente, y decirle: "Señor presidente: no me gusta la forma en que usted está gobernando al país"», a lo cual el ruso dijo: «Yo puedo hacer lo mismo». El estadounidense dijo: «¿De verdad?», y el otro contestó: «Por supuesto. Puedo entrar en el Kremlin, y golpear con mi puño en el escritorio del secretario general, y decirle: "Señor secretario: No me gusta la manera en que el presidente Reagan está gobernando su país"».

El intérprete tradujo el chiste, y cuando llegó a la línea de gracia, Gorbachev se desternilló de risa.

Entonces le conté de la orden que se había dado a los policías de tránsito en Moscú, en el sentido de que, en el futuro, a cualquiera que fuera sorprendido sobrepasando el límite de velocidad se le daría una boleta de citación, sin que importara cuán importante fuera el infractor. Un día, dije, el secretario general salía de su casa en el campo, y notando que iba a llegar tarde a una reunión en el Kremlin, le dijo a su chofer: «Siéntate en el asiento de atrás. Yo conduciré».

Por el camino se cruzaron con dos policías en motocicletas, y uno de ellos salió en persecución del automóvil. Pocos minutos más tarde volvió para reunirse con su compañero, el cual le preguntó: «¿Le diste una boleta de citación?»

«No», replicó el otro policía.

«¿Por qué no? Se nos ha ordenado que sin que importe quién sea, tenemos que darles una boleta de multa.»

«No, este tipo era demasiado importante», dijo el amigo.

«¿Quién era?»

Su amigo dijo: «No lo sé; no pude reconocerle, pero su chofer era Gorbachev».

Se desternilló nuevamente de risa.

Jesús fue un gran narrador de historias. No en el mismo sentido que Kennedy o Reagan. Los cuentos de Reagan y Kennedy con frecuencia eran cómicos. Las historias que Jesús relató imparten información espiritual y sabiduría. Esas historias se llaman *parábolas*. Aproximadamente un tercio de la enseñanza de Jesús se registra en los Evangelios en esta forma literaria distintiva. En verdad, Jesús la usó tan a menudo que Mateo escribió que «sin parábolas no les hablaba» (Mateo 13.34). ¿Qué son las parábolas? ¿Por qué Jesús las empleó tan frecuentemente? ¿Cómo se han de interpretar las parábolas? ¿Cuáles son algunas de las verdades clave que Cristo trató de comunicar mediante esta forma? Estas son las preguntas que responderemos en este capítulo.

1. Naturaleza de las parábolas

Una definición típica de parábola es «un relato o historia que trata de presentar claramente un punto que el que la relata quiere enfatizar, ilustrándola a partir de una situación familiar de la vida común» (F. F. Bruce, *Zondervan Pictorial Encyclopedia of the Bible* [Enciclopedia pictórica Zondervan de la Biblia], vol. 4, p. 590). Como J. Dwight Pentecost destaca en su libro *The Parables of Jesus* [Las parábolas de Jesús], la palabra *parábola* se usa para describir una variedad de diferentes figuras del lenguaje. Por ejemplo, una parábola puede tomar la forma de un *símil*, una semejanza declarada usando las palabras *como* o *así como*. Jesús dijo: «Los envío *como* ovejas en medio de lobos. Por tanto, sean astutos *como* serpientes e inocentes *como* palomas», (Mateo 10.16, NIV).

Una segunda forma parabólica es la *metáfora,* una similitud implicada. Por ejemplo, Jesús urgió a sus discípulos: «No tengan miedo, rebaño pequeño, porque a su Padre le ha agradado darles a ustedes el reino» (Lucas 12.32, NVI).

Una parábola puede tomar la forma de una *semejanza* en la cual la verdad que se enseña se basa en lo que la gente generalmente hace antes que en lo que un cierto individuo en realidad hizo. Un ejemplo es cuando Cristo afirmó: «El reino de los cielos es semejante a la levadura que tomó una mujer, y escondió en tres medidas de harina, hasta que todo fue leudado» (Mateo 13.33). Cualquiera que esté familiarizado con el proceso de hacer pan puede aprender la verdad mediante esta referencia a un procedimiento muy común.

La forma parabólica que Jesús usó con más frecuencia para enseñar a sus oyentes fue la *historia.* Ella enseña la verdad relacionando un incidente específico y llamando la atención a lo que alguien hizo. Consecuentemente, Cristo empezó sus historias parabólicas con palabras tales como «Un hombre tenía dos hijos» (Lucas 15.11), y , «Había en una ciudad un juez» (Lucas 18.2). La historia parabólica es lo que la mayoría de la gente imagina cuando piensa en una parábola.

El denominador común de estas y otras formas parabólicas menos comunes es que todas enseñan la verdad basada en la transferencia de la realidad. El contenido es familiar y posible.

Resumen: Una parábola es una historia que tiene la intención de comunicar una verdad *espiritual,* ilustrándola con una situación familiar de la vida común.

REPASO:

Una parábola es una historia que tiene la intención de comunicar una verdad _____ , ilustrándola con una situación familiar de la vida común.

---

2. Propósito de las parábolas

¿Por qué usó Cristo las parábolas tan extensamente? Él mismo explicó por qué las empleaba, en respuesta a la interrogación de sus discípulos: «¿Por qué les hablas por parábolas?» (Mateo 13.10). Ellos formularon la pregunta inmediatamente después de que Jesús relató la parábola del sembrador, la semilla y los terrenos (Mateo 13.3-9). Es interesante la ocasión de la pregunta. Cristo había empleado otras formas parabólicas anteriormente, pero esta fue la primera vez que usó la forma ampliada de historia parabólica. Jesús explicó su uso de esta manera:

> «A ustedes se les ha dado a conocer los secretos del reino de los cielos» les contestó; «pero a ellos no. Al que tiene, se le dará más, y tendrá en abundancia. Al que no tiene se le quitará hasta lo poco que tiene. Por eso les hablo a ellos en parábolas: «Aun viendo, no ven; aun oyendo, no oyen ni entienden. En ellos se cumple la profecía de Isaías: "Aunque oigan, no entenderán; aunque vean, no percibirán"» (Mateo 13.11-14; NVI).

En otras palabras, las parábolas de Jesús tenían dos propósitos básicos. El primero era revelar la verdad a los creyentes. La parábolas pueden comunicar la verdad más vívida y poderosamente que el diálogo ordinario. Por ejemplo, Cristo podría haber simplemente instruido a sus oyentes a ser persistentes en la oración, una exhortación que ellos bien pudieran haber echado a un lado y olvidado. En lugar de eso, les contó una historia de una viuda cuya continua súplica de ayuda finalmente persuadió a un juez injusto a concederle sus peticiones, a fin de que no lo fastidiara más (Lucas 18.1-8). La lección: Si un juez injusto e insensible responde a los ruegos continuos, ¿cuánto más la oración persistente será contestada por un amante Padre celestial?

El segundo propósito básico de las parábolas era esconder la verdad de aquellos que ya habían endurecido sus corazones contra ella. Cristo enseñó a un público mixto, algunos de los cuales habían puesto su fe en su persona y mensaje, mientras que otros ya habían decidido rechazarle. Jesús anhelaba enseñar a los creyentes, sin aumentar la responsabilidad (y culpa) de los que no querían creer, revelándoles verdad adicional (véase Lucas 12.47-49). La resistencia a la verdad espiritual conocida endurece el corazón y le hace a uno menos y menos capaz de entender y responder en fe.

Resumen: Jesús enseñó en parábolas para *revelar* la verdad a los creyentes y *esconderla* de los incrédulos.

REPASO:

Jesús enseñó en parábolas para _____ la verdad a los creyentes y _____ de los incrédulos.

---

3. Interpretación de las parábolas

Cristo esperaba que los creyentes comprendieran las parábolas que relató, y que percibieran la verdad que trataba de comunicar mediante ellas. Después de que los líderes judíos lo rechazaron como el Mesías, Jesús interpretó dos parábolas: la del sembrador, las semillas y los terrenos, y la de la cizaña. Ofreció estas dos interpretaciones para que sirvieran como modelo de cómo comprender esta nueva forma de enseñanza. La interpretación apropiada de las parábolas exige la correcta aplicación de *ciertos* principios.

Las parábolas no fueron dichas en el vacío. Cada una de ellas trata una situación, problema o cuestión en particular. Por ejemplo, la parábola de los labradores en la viña (Mateo 20.1-16) debe ser comprendida en término del contexto inmediato. Justo antes de esta parábola Jesús, dándose cuenta de que lo que le impedía al joven rico seguir completamente a Dios era su riqueza, le había mandado a abandonar sus riquezas y convertirse en un discípulo. El joven se alejó triste, porque no estaba dispuesto a dejar sus riquezas.

Pedro entonces le preguntó a Cristo: «He aquí, nosotros lo hemos dejado todo, y te hemos seguido; ¿qué, pues, tendremos?» (Mateo 19.27). Después de prometer que sus discípulos recibirían recompensa por su servicio, Jesús relató la parábola de los labradores. Esta fue una gentil represión a Pedro por su actitud de justicia propia que decía (en efecto): «Mira cuánto he hecho yo. Al contrario del joven rico, he dejado todo para seguirte. ¿Cuánto me vas a recompensar por mi gran sacrificio?» La actitud de Pedro era egoísta; le preocupaba el beneficio personal más que reconocer que el servicio en el reino de Dios ha de ser motivado por el amor.

Una vez que usted ha hallado en el contexto un límite para la interpretación de la parábola, debe estudiarla en sí misma para determinar el punto en cuestión. Un importante principio de interpretación es que cada parábola está destinada a comunicar una idea central; los detalles son significativos sólo en tanto y en cuanto se relacionen a esa idea. Por ejemplo, la parábola de la viuda persistente (Lucas 18.1-8) se concentra, no en el carácter del juez, sino en la persistencia de la viuda, como una ilustración de la manera en que debemos persistir en la oración. Si damos atención indebida al detalle del carácter del juez, podemos (falsamente) concluir que Dios es una persona injusta e insensible que sólo responderá a nuestras oraciones si lo hostigamos con nuestras peticiones.

Resumen: Las parábolas deben ser interpretadas a la luz del *contexto* en el cual se hallan.

REPASO:

Las parábolas deben ser interpretadas a la luz del _____ en el cual se hallan.

---

4. Ambiente histórico de las parábolas

Usted no puede entender la parábola del sembrador a menos que comprenda el proceso de la siembra. No puede entender la parábola de poner vino nuevo en odres viejos a menos que comprenda a cabalidad el proceso de la fabricación del vino en los días de Jesús. Necesitamos comprender los detalles desde la perspectiva de los oyentes originales de Cristo. Instrumentos tales como una enciclopedia bíblica o un libro sobre costumbres bíblicas pueden ayudarle a comprender la cultura, costumbres y vida diaria de aquellos con quienes Cristo se comunicaba.

Resumen: Las parábolas deben ser interpretadas a la luz del ambiente *histórico* en el cual ocurrieron.

> **REPASO:**
>
> Las parábolas deben ser interpretadas a la luz del ambiente _____ _____ en el cual ocurrieron.

Repaso

1. Una parábola es una historia que tiene la intención de comunicar una verdad *espiritual*, ilustrándola con una situación familiar de la vida común.

2. Jesús enseñó en parábolas para *revelar* la verdad a los creyentes y *esconderla* de los incrédulos.

3. Las parábolas deben ser interpretadas a la luz del *contexto* en el cual se hallan.

4. Las parábolas deben ser interpretadas a la luz del ambiente *histórico* en el cual ocurrieron.

Autoevaluación

1. Una parábola es una historia que tiene la intención de comunicar una verdad _____ , ilustrándola con una situación familiar de la vida común.

2. Jesús enseñó en parábolas para _____ la verdad a los creyentes y _____ de los incrédulos.

3. Las parábolas deben ser interpretadas a la luz del _____ en el cual se hallan.

4. Las parábolas deben ser interpretadas a la luz del ambiente _____ _____ en el cual ocurrieron.

VEINTIDÓS

LOS MILAGROS EN LA BIBLIA

 Un hombre le preguntó cierta vez a un pastor, con un tono más bien burlón, qué era un milagro. El pastor le dio al hombre una explicación larga y completa. Mientras le explicaba el hombre se movía incómodo, demostrando por sus gestos que no consideraba gran cosa la respuesta que estaba recibiendo.

—Ahora, ¿me podría dar un ejemplo? exigió cuando el pastor finalmente terminó.

—Pues, bien, —dijo el pastor—. Póngase de pie frente a mí, agáchese, y veré qué puedo hacer.

Cuando el hombre obedeció, el pastor le asestó un tremendo puntapié en las asentaderas.

—¿Lo sintió?, —le preguntó el pastor.

—¡Por supuesto que sí!, —replicó el hombre todo perplejo.

—Pues bien, —le dijo el pastor—. Hubiera sido un milagro si no lo hubiera sentido.

A menudo los milagros son mal entendidos. La gente tiene expectativas equivocadas de Dios, así como una comprensión errada del propósito de los milagros, y como resultado se desaniman o desilusionan con Dios o con el cristianismo. Otras personas dudan por completo de la posibilidad de los milagros.

Las cifras varían de un estudio al siguiente, pero entre el setenta y cinco y noventa y cinco por ciento de las personas en los Estados Unidos, al momento de escribir esto, aducen creer en Dios. Sin embargo, algunas de ellas no creen en milagro. Lo cual me parece ridículo. Si usted va a tener un Dios, ¿de qué sirve ese Dios si no puede hacer un milagro? Él no puede realizar milagros, por definición, no es Dios.

El cristianismo, a diferencia de otras religiones, descansa en que Dios *hace* milagros. Sus afirmaciones permanecen o caen en base a estos milagros, especialmente el de la resurrección. Como reconoció Pablo, si Jesucristo no resucitó de los muertos, entonces nuestra fe es vana, todavía estamos en nuestros pecados, y somos los más dignos de conmiseración de todos los hombres (1 Corintios 15.17-19).

Pero es importante entender por qué y cuándo Dios hace milagros. De modo que en este capítulo consideraremos los de la Biblia, y veremos si podemos lograr una comprensión más clara y un mayor aprecio de ellos.

1. Posibilidad y naturaleza de los milagros

¿Cuál es el concepto bíblico de los milagros? Un milagro es un acontecimiento que sucede contrario a los procesos observados de la naturaleza; es decir, *lo que se conoce* de ella. En la Biblia se usan diferentes palabras para referirse a los milagros. Estos términos destacan diferentes aspectos de la naturaleza de los milagros. La palabra *maravilla* revela que tales sucesos eran asombrosos, mientras que el término *poder* implica la necesidad de algo más que la capacidad humana. La palabra *señal* indica que deben ser sucesos visibles, porque esto es esencial para su propósito.

Algunas personas han opinado, en bases filosóficas o científicas, que milagros tales como los descritos en la Biblia son imposibles. Pero sólo se puede negar su posibilidad si se niega la existencia de Dios. Si Él es un ser vivo y personal «los milagros no sólo son posibles, sino que son apropiados; y si ocurren o no, no es asunto de la ciencia secular, sino cuestión de testimonio de los testigos divinamente designados» (el filósofo cristiano Gordon Clark, en *Zondervan Pictorial Encyclopedia of the Bible* [Enciclopedia pictórica Zondervan de la Biblia], vol. 4, p. 249).

> **Resumen:** Los milagros son sucesos que ocurren al contrario de lo que se conoce de la naturaleza y son *posibles* si Dios existe.

REPASO:

Los milagros son sucesos que ocurren al contrario de lo que se conoce de la naturaleza y son _____ si Dios existe.

---

2. Propósito de los milagros bíblicos

¿Cuál es el propósito de los milagros? Las Escrituras indican su objetivo en varios lugares. Por ejemplo, en Éxodo 4.5 Dios instruyó a

Moisés a que realizara milagros, ya que «por esto creerán que se te ha aparecido Jehová, el Dios de tus padres». Los milagros atestiguaban de la misión divina de Moisés. De la misma manera, respaldaban las afirmaciones de Jesús, y demostraban, como lo hicieron en el caso de Moisés (Deuteronomio 18.15), que era el profeta prometido. Esa fue la base para la petición de parte de algunos de los fariseos y expertos de la Ley: «Maestro, deseamos ver de ti señal» (Mateo 12.38). Nicodemo reconoció que Jesús era un maestro venido de Dios debido a las señales milagrosas que realizaba (Juan 3.2). De modo que los milagros sirvían para validar la autoridad y el mensaje de un mensajero divino.

Resumen: Los milagros *validaron* la autoridad y el mensaje del mensajero divino.

REPASO:

Los milagros _____ la autoridad y el mensaje del mensajero divino.

---

3. Períodos de los milagros bíblicos

Contrario a lo que se cree, los milagros *no fueron* la manera típica en que Dios obró con su pueblo en las Escrituras. La mayoría de los milagros bíblicos giraron alrededor del otorgamiento de una nueva revelación, en tres breves períodos de la historia: la era de dos generaciones de Moisés y Josué, Elías y Eliseo, y Jesús y los apóstoles. Comparativamente pocos milagros se registran durante los siglos intermedios. Demos un vistazo a cada uno de estos períodos.

a. Moisés y Josué (1441-1370 a.C.)

Dios estaba libertando a los israelitas de la esclavitud en Egipto, y llevándolos a la tierra prometida de Canaán. Una nueva revelación estaba siendo dada por medio de la Ley, los primeros cinco libros de la Biblia. Dios usó milagros para autenticar: (1) a Moisés y su mensaje, (2) a Josué y su autoridad, y (3) su propia identidad como el verdadero Dios (véase Éxodo 10.1-2).

En Éxodo 10.1-2 Dios le reveló a Moisés que parte de su motivación al realizar las «señales» de juicio que se conocen como las diez plagas, fue demostrar que Él era el Señor. La Biblia revela que Dios juzgó a los muchos dioses de Egipto, y que demostró su superioridad sobre ellos mediante las diez plagas (Éxodo 12.12; 18.11; Números 33.4). Cada una de las plagas mostró la superioridad de Dios sobre uno o más de los dioses egipcios. Por ejemplo, la primera plaga consistió en convertir en sangre el agua del río Nilo (Éxodo 7.14-25). A este río se le veía como la fuente de la prosperidad y la vida de Egipto. El reconocimiento de su dependencia en él llevó a los egipcios a deificarlo bajo la figura del dios buey Hapi (también llamado Apis). Al Nilo se le asociaba con otros dioses, como la diosa Isis, que protegía a los niños, y Knum, el dios carnero y guardián del Nilo. El renacimiento anual de Osiris, dios de la tierra y la vegetación, simbolizaba el desbordamiento anual del Nilo. La transformación del Nilo en sangre resultó en que los peces murieron, el agua se tornó imbebible por su hedor, y la agricultura egipcia fue puesta en peligro (7.21). El río que se consideraba la fuente de vida de Egipto quedó contaminado de muerte.

Durante la vida de Moisés y de Josué se realizaron muchos milagros estupendos, pero siempre con el propósito de estimular la fe del pueblo a creer en Dios y a confiarle sus vidas a Él.

b. Elías y Eliseo (870-785 a.C.)

La adoración del falso dios Baal había llegado a ser una seria amenaza a la existencia de Israel como nación bajo Dios. Parecía increíble, pero incluso los israelitas estaban adorando al falso dios. Por consiguiente, Dios levantó a Elías y a Eliseo como profetas para promover el despertamiento y llamar al pueblo al arrepentimiento. Los milagros fueron usados para demostrar que estos hombres venían de Dios, y que Él era superior a Baal. Un ejemplo digno de notarse se halla en 1 Reyes 18.20-40, en donde hay una gran competencia, por así decirlo, entre Dios y Baal. Dios gana. Los milagros cesaron después de que estos profetas entregaron su singular mensaje.

c. Cristo y los apóstoles (c. 30-70 d.C.)

Se necesitaba prueba para demostrar que Jesús era tanto Dios como hombre. Juan nos dice que Jesús hizo muchas señales milagrosas que Juan no registró, pero que las señales que incluyó fueron escritas «para que creáis que Jesús es el Cristo, el Hijo de Dios, y para que creyendo, tengáis vida en su nombre» (Juan 20.31). El propósito de los milagros es ilustrado y confirmado por la declaración de Jesús de que había completado la obra que el

Padre le había dado para hacer (Juan 17.4), aun cuando sin duda alguna todavía había enfermos, por ejemplo.

Ahora imagínese que usted es un judío sincero. Usted quiere ser receptivo a cualquier cosa que Dios esté haciendo en el mundo. Particularmente, no desea perder al Mesías; ¡eso es todo lo que ha estado esperando toda su vida! Aquí llega un hombre que aduce ser el Mesías, ¿por qué va a creer en él? Numerosas personas han venido y desaparecido aduciendo ser el Mesías. ¿Por qué va a creer en este?

Jesús, creo, fue sensible a esto. Los judíos sinceros debían tener razón suficiente para transferir su creencia de la Ley al Mesías. Y el que les pedía que lo hicieran así parecía ser tan ordinario por fuera. ¿Por qué lo haría *usted?* ¿Qué sería suficiente para que *usted* tomara tal decisión?

¿La respuesta? Milagros. Jesús afirmó ser la luz del mundo, y sanó a un ciego. Afirmó ser el pan de vida, y alimentó a cinco mil. Afirmó ser la resurrección y la vida, y levantó a Lázaro de los muertos.

Juan 6.1-15 describe cómo Jesús alimentó milagrosamente a cinco mil hombres (más las mujeres y los niños) al multiplicar unos pocos pescados y unos panes. Al siguiente día, cuando la multitud quería que se repitiera la comida (6.26-34) la respuesta de Jesús fue: «Yo soy el pan de vida» (6.35); o sea, Él era el alimento verdadero que necesitaban, esencial para la vida verdadera.

En Juan 8.12 Cristo dijo: «Yo soy la luz del mundo». La Biblia describe al mundo como en tinieblas, lo cual simboliza el mal, el pecado y la ignorancia (Isaías 9.2; Mateo 4.16; 27.45; Juan 3.19). *La luz* con frecuencia representa a Dios y su santidad (Hechos 9.3; 1 Juan 1.5). Jesús se proclamó a sí mismo como *«la* luz», no meramente una luz entre muchas (compárese con Juan 1.9). Con esto Jesús quería decir que sólo Él era la luz genuina que podía distinguir entre la verdad y la falsedad, y proveer dirección espiritual. En Juan 9.5 Él repitió: «Entre tanto que estoy en el mundo, luz soy del mundo». Inmediatamente le restauró la vista a un hombre que era ciego de nacimiento, como una representación externa, física, de su capacidad de iluminar a los que estaban en oscuridad espiritual (9.6-7).

A Marta, afligida por la muerte de su hermano Lázaro, Jesús le declaró: «Yo soy la resurrección y la vida; el que cree en mí, aunque esté muerto, vivirá. Y todo aquel que vive y cree en mí, no morirá eternamente» (Juan 11.25-26). Con esto Jesús indicó que Él incorporaba la vida de resurrección que vence a la muerte. Autenticó su afirmación procediendo a revivir a Lázaro de entre los muertos.

Pablo nos dice que los milagros de los apóstoles se relacionaban al demostrar su autoridad (2 Corintios 12.12) al enseñar ellos el nuevo mensaje de Dios hecho carne y escribir el Nuevo Testamento. Aunque Dios puede realizar un milagro cuando decida hacerlo, los milagros que se registran en la Biblia empezaron a desaparecer conforme el mensaje del evangelio empezó a establecerse (Hebreos 2.3-4).

Resumen: Los milagros ocurrieron principalmente en *tres* períodos concentrados de la historia.

REPASO:

Los milagros ocurrieron principalmente en _____ períodos concentrados de la historia.

---

4. Las siete señales del Evangelio de Juan

De las muchas señales realizadas por Jesús, Juan selecciona siete (sin contar la resurrección ni la pesca milagrosa descrita en Juan 21), para demostrar que Jesús era el Hijo de Dios. Siete es el número bíblico que indica algo completo, y cada señal reveló alguna característica específica del poder y la persona de Jesús. Son, en orden:

a. El agua transformada en vino (2.1-11)

Jesús demostró que era el señor de la *calidad* al operar instantáneamente un cambio que la vid y el proceso de fabricación del vino produce en el curso de varios meses.

b. La curación del hijo del noble (4.46-54)

Jesús sanó al muchacho a una distancia de más de treinta kilómetros, y eso reveló que domina la *distancia*, o el espacio.

c. La curación de un paralítico (5.1-9)

Las enfermedades se hacen más difíciles de curar mientras más tiempo afligen a una persona. La curación instantánea de un hombre que había estado enfermo por treinta y ocho años demostró su dominio sobre el *tiempo*.

d. La alimentación de los cinco mil (6.1-14)

Al multiplicar el almuerzo de un muchacho, consistente en cinco panes y dos pescados, en suficiente alimento para cinco mil hombres, más las mujeres y los niños, Jesús demostró ser el señor de la *cantidad.*

e. Andar sobre las aguas (6.16-21)

Con este milagro Jesús mostró que tenía dominio sobre *la ley natural.*

f. La curación del ciego de nacimiento (9.1-12)

Jesús sanó a este hombre en respuesta a la pregunta acerca de por qué sufría de tal dolencia, indicando así su dominio sobre *la adversidad.*

g. La resurrección de Lázaro (11.1-16)

Este milagro demostró que Jesús tiene dominio sobre *la muerte.*

Como Merryl C. Tenney resume, en *John: The Gospel of Belief* [Juan: El Evangelio de la creencia] (p. 31):

La calidad, el espacio, el tiempo, la cantidad, la ley natural, la adversidad y la muerte circunscriben el mundo de la humanidad. La existencia diaria es una lucha contra sus limitaciones. La superioridad de Cristo sobre ellas como se revela en estos acontecimientos llamados señales, fue prueba de su deidad.

Resumen: Jesús demostró, en el Evangelio de Juan, su superioridad sobre las *limitaciones* de esta vida.

REPASO:

Jesús demostró, en el Evangelio de Juan, su superioridad sobre las _____ de esta vida.

Repaso

1. Los milagros son sucesos que ocurren al contrario de lo que se conoce de la naturaleza y son *posibles* si Dios existe.
2. Los milagros *validaron* la autoridad y el mensaje del mensajero divino.
3. Los milagros ocurrieron principalmente en *tres* períodos concentrados de la historia.
4. Jesús demostró, en el Evangelio de Juan, su superioridad sobre las *limitaciones* de esta vida.

Autoevaluación

1. Los milagros son sucesos que ocurren al contrario de lo que se conoce de la naturaleza y son _____ si Dios existe.

2. Los milagros _____ la autoridad y el mensaje del mensajero divino.

3. Los milagros ocurrieron principalmente en _____ períodos concentrados de la historia.

4. Jesús demostró, en el Evangelio de Juan, su superioridad sobre las _____ de esta vida.

VEINTITRÉS

PROFECÍAS MESIÁNICAS

 Es bastante asombroso cuando alguien puede predecir el futuro. La profecía ejerce un fuerte hechizo puesto que el futuro nos es desconocido. Es tan cautivadora, a decir verdad, que cuando una persona parece predecir el futuro ocasionalmente, con frecuencia recibe gran notoriedad. Una mujer estadounidense llamada Jeane Dixon predice cosas que algunas veces se hacen realidad y otras no. Sus predicciones a menudo aparecen en los pasquines de los anaqueles que están al lado de las cajas registradoras de los supermercados, particularmente en diciembre, cuando ella da sus predicciones para el año nuevo.

No se molesta cuando sus predicciones no se cumplen. Aduce que su habilidad y sus predicciones acertadas vienen de Dios. Las que no se cumplen, pues bien, debe haberse equivocado y, debido a su comprensión defectuosa, predijo algunas cosas que no son de Dios. Por medio de esta manera incoherente de pensar, ¡ella aduce completo acierto!

En el Antiguo Testamento la prueba de un profeta era maravillosamente eficaz: Si alguien aducía profetizar por Dios y su profecía no se cumplía, era lapidado hasta la muerte. Jeane Dixon hubiera sido lapidada varias veces bajo tal sistema. Ella no es una profetiza de Dios.

Sin embargo, predecir el futuro es muy cautivador. Si alguien puede hacerlo, es muy convincente.

El Nuevo Testamento apela a dos líneas principales de evidencia para probar que Jesús es el Mesías, el Hijo de Dios. La primera es la resurrección de Jesús, la cual trataremos en el capítulo veinticinco. El segundo tipo de evidencia es el cumplimiento de Cristo de cientos de profecías contenidas en el Antiguo Testamento, y respecto al Mesías. El cumplimiento de estas profecías detalladas, escritas cientos de años antes de que Jesús naciera, confirma sus credenciales como el Mesías.

1. La importancia de la profecía mesiánica

La verdadera divinidad de Dios se demuestra por su capacidad de revelar sucesos de antemano (véase, por ejemplo, Isaías 48.3, 5). Dios puso en el Antiguo Testamento más de trescientas referencias al Mesías, y fueron cumplidas por Jesucristo para ayudarles a los judíos a reconocer a su Mesías cuando vino.

A pesar de ello los discípulos de Cristo y sus contemporáneos no comprendieron de inmediato cómo Él cumplió todas las profecías. Por ejemplo, en una de las apariciones después de la resurrección Cristo se unió a dos discípulos que viajaban a una aldea llamada Emaús, ubicada como a doce kilómetros de Jerusalén. Los discípulos, a quienes sobrenaturalmente se les impidió reconocerle, estaban desalentados por la muerte de Jesús, de quién habían esperado que fuera el Mesías. Jesús respondió:

> ¡Oh insensatos, y tardos de corazón para creer todo lo que los profetas han dicho! ¿No era necesario que el Cristo padeciera estas cosas, y que entrara en su gloria? Y comenzando desde Moisés, y siguiendo por todos los profetas, les declaraba en todas las Escrituras lo que de Él decían (Lucas 24.25-27).

Más tarde, el mismo día, Jesús se apareció a los apóstoles y a los que estaban con ellos, y les dijo: «Estas son las palabras que os hablé, estando aún con vosotros: que era necesario que se cumpliese todo lo que está escrito de mí en la ley de Moisés, en los profetas y en los salmos. Entonces les abrió el entendimiento, para que comprendiesen las Escrituras» (Lucas 24.44-45).

Una vez que los discípulos comprendieron plenamente estas cosas, el cumplimiento de Cristo en cuanto a las profecías mesiánicas del Antiguo Testamento llegó a ser central en su presentación del evangelio. Pablo escribió a los corintios que el evangelio era «Que Cristo murió por nuestros pecados, *conforme a las Escrituras*; y que fue sepultado, y que resucitó al tercer día, *conforme a las Escrituras*» (1 Corintios 15.3, énfasis añadido).

Resumen: La capacidad de predecir sucesos antes de que ocurran demuestra el *poder* de Dios.

REPASO:

La capacidad de predecir sucesos antes de que ocurran demuestra el
_____ de Dios.

---

2. Profecías mesiánicas clave cumplidas por Jesús

Jesús cumplió sesenta y una profecías principales del Antiguo Testamento. Algunas de las profecías clave incluyen:

Descendiente de Abraham

Profetizado: Génesis 12.3:
> *Bendeciré a los que te bendijeren, y a los que te maldijeren maldeciré; y serán benditas en ti todas las familias de la tierra.*

Cumplido: Mateo 1.1:
> Libro de la genealogía de Jesucristo, hijo de David, hijo de Abraham.

De la tribu de Judá

Profetizado: Génesis 49.10:
> *No será quitado el cetro de Judá, Ni el legislador de entre sus pies, Hasta que venga Siloh; Y a Él se congregarán los pueblos.*

Cumplido: Lucas 3.33:
> Hijo de Aminadab, hijo de Aram, hijo de Esrom, hijo de Fares, hijo de Judá.

Heredero del trono de David

Profetizado: Isaías 9.7:
> *Lo dilatado de su imperio y la paz no tendrán límite, sobre el trono de David y sobre su reino, disponiéndolo y confirmándolo en juicio y en justicia desde ahora y para siempre. El celo de Jehová de los ejércitos hará esto.*

Cumplido: Lucas 1.32-33:

Este será grande, y será llamado Hijo del Altísimo; y el Señor Dios le dará el trono de David su padre; y reinará sobre la casa de Jacob para siempre, y su reino no tendrá fin.

Nacido en Belén

Profetizado: Miqueas 5.2:

Pero tú, Belén Efrata, pequeña para estar entre las familias de Judá, de ti me saldrá el que será Señor en Israel; y sus salidas son desde el principio, desde los días de la eternidad.

Cumplido: Lucas 2.4-5, 7:

Y José subió de Galilea, de la ciudad de Nazaret, a Judea, a la ciudad de David, que se llama Belén, por cuanto era de la casa y familia de David; para ser empadronado con María, su mujer, desposada con él, la cual estaba encinta... Y dio a luz a su hijo primogénito, y lo envolvió en pañales, y lo acostó en un pesebre, porque no había lugar para ellos en el mesón.

Entrada triunfal

Profetizado: Zacarías 9.9:

Alégrate mucho, hija de Sion; da voces de júbilo, hija de Jerusalén; he aquí tu rey vendrá a ti, justo y salvador, humilde, y cabalgando sobre un asno, sobre un pollino hijo de asna.

Cumplido: Marcos 11.7, 9, 11:

Y trajeron el pollino a Jesús, y echaron sobre Él sus mantos, y se sentó sobre él... Y los que iban delante y los que venían detrás daban voces, diciendo: ¡Hosanna! ¡Bendito el que viene en el nombre del Señor!... Y entró Jesús en Jerusalén, y en el templo; y habiendo mirado alrededor todas las cosas, como ya anochecía, se fue a Betania con los doce.

Traicionado por un amigo íntimo

Profetizado: Salmo 41.9:

Aun el hombre de mi paz, en quien yo confiaba, el que de mi pan comía, Alzó contra mí el calcañar.

Cumplido: Lucas 22.47-48:

Mientras Él aún hablaba, se presentó una turba; y el que se llamaba Judas, uno de los doce, iba al frente de ellos; y se acercó hasta Jesús para besarle. Entonces Jesús le dijo: Judas, ¿con un beso entregas al Hijo del Hombre?

Traicionado por treinta piezas de plata

Profetizado: Zacarías 11.12:

Y les dije: Si os parece bien, dadme mi salario; y si no, dejadlo. Y pesaron por mi salario treinta piezas de plata.

Cumplido: Mateo 26.14-15:

Entonces uno de los doce, que se llamaba Judas Iscariote, fue a los principales sacerdotes, y les dijo: ¿Qué me queréis dar, y yo os lo entregaré? Y ellos le asignaron treinta piezas de plata.

Abandonado por Dios

Profetizado: Salmos 22.1:

Dios mío, Dios mío, ¿por qué me has desamparado? ¿Por qué estás tan lejos de mi salvación, y de las palabras de mi clamor?

Cumplido: Mateo 27.46:

Cerca de la hora novena, Jesús clamó a gran voz, diciendo: Elí, Elí, ¿lama sabactani? Esto es: Dios mío, Dios mío, ¿por qué me has desamparado?

Resumen: Cristo *cumplió* sesenta y una profecías principales del Antiguo Testamento.

REPASO:

Cristo _____ sesenta y una profecías principales del Antiguo Testamento.

---

3. Objeciones

Hay quienes sugieren que las profecías que Jesús cumplió fueron hechas deliberadamente o por coincidencia. Sin embargo, las probabilidades de que esto ocurra son tan remotas que lo hacen imposible.

Por ejemplo, Josh McDowell, en su libro *Evidencia que exige un veredicto*, incluye una convincente cita de la obra *Science Speaks* [La ciencia habla] por Peter Stoner:

> Las siguientes probabilidades son tomadas de Peter Stoner en su obra *Science Speaks* [La ciencia habla], para mostrar que la ciencia de la probabilidad descarta la coincidencia. Stoner dice que usando la ciencia moderna de la probabilidad en referencia a ocho profecías... «hallamos que la probabilidad de que algún hombre pudiera haber vivido hasta el presente y cumplido las ocho profecías es 1 en 10^{17}». Eso sería 1 en 100,000,000,000,000,000. Para ayudarnos a comprender esta pasmosa probabilidad, Stoner lo ilustra suponiendo que tomamos 10^{17} dólares de plata y los colocamos sobre la superficie de Texas. Cubrirían todo el estado con una capa de medio metro de espesor. Ahora, marque uno de esos dólares de plata, y revuelva completamente todo el conjunto, sobre todo el estado. Véndele los ojos a un hombre y dígale que puede viajar cuanto quiera, pero que debe tomar un dólar de plata y decir que es el correcto. ¿Qué probabilidades tendría de escoger el correcto? Exactamente la misma probabilidad que los profetas habrían tenido al escribir estas ocho profecías y que todas ellas se cumplieran en un sólo hombre cualquiera, desde su día hasta hoy, siempre y cuando ellos lo hubieran escrito en su propia sabiduría.
>
> «Esto quiere decir que estas profecías fueron, o bien dadas por inspiración de Dios, o los profetas simplemente las escribieron como pensaban que debían ser. En tal caso los profetas tenían apenas una probabilidad en 10^{17} de que todas ellas se cumplieran en un hombre, pero todas ellas se cumplieron en Cristo».

Resumen: Las profecías *cumplidas* sugieren abrumadoramente que Jesús es el Mesías.

REPASO:

Las profecías _____ sugieren abrumadoramente que Jesús es el Mesías.

---

4. Propósito de la profecía

El propósito de la profecía no es satisfacer nuestra curiosidad, sino cambiar vidas. Siempre es dada para que vivamos apropiadamente. En el capítulo 3 de su segunda carta, el apóstol Pedro, después de anunciar algunas profecías más bien asombrosas respecto al fin del mundo, dijo:

«Puesto que todas estas cosas han de ser deshechas, ¡cómo no debéis vosotros andar en santa y piadosa manera de vivir!» (v. 11). Su propósito al hablarles acerca de las cosas del futuro era purificar sus vidas ahora. No tiene nada de malo interesarse en la profecía. Sin embargo, es posible estudiarla de la manera en que la gente estudia las materias académicas. He presenciado incluso algunas acaloradas discusiones sobre diferencias en las interpretaciones proféticas. Esto se sale de la línea. Nunca debemos permitir que la profecía nos haga actuar contrariamente a la Biblia. Precisamente lo opuesto debe ser cierto.

Resumen: El propósito de la profecía no es satisfacer nuestra curiosidad sino *purificar* nuestras vidas.

REPASO:

El propósito de la profecía no es satisfacer nuestra curiosidad sino _____ nuestras vidas.

Repaso

1. La capacidad de predecir sucesos antes de que ocurran demuestra el *poder* de Dios.

2. Cristo *cumplió* sesenta y una profecías principales del Antiguo Testamento.

3. Las profecías *cumplidas* sugieren abrumadoramente que Jesús es el Mesías.

4. El propósito de la profecía no es satisfacer nuestra curiosidad sino *purificar* nuestras vidas.

Autoevaluación

1. La capacidad de predecir sucesos antes de que ocurra demuestra el _____ de Dios.

2. Cristo _____ sesenta y una profecías principales del Antiguo Testamento.

3. Las profecías _____ sugieren abrumadoramente que Jesús es el Mesías.

4. El propósito de la profecía no es satisfacer nuestra curiosidad sino _____ nuestras vidas.

VEINTICUATRO

LA PASCUA Y LA CENA
DEL SEÑOR

 En su maravilloso librito, *Tramp for the Lord* [Vaga-
bunda por el Señor] Corrie ten Boom relató la
ocasión cuando estaba hablando a un grupo de
jóvenes respecto a Jesús. Después los estudiantes se
unieron con ella para tomar café:

Un estudiante me dijo:

—Quisiera pedirle a Jesús que venga a mi corazón, pero no
puedo. Soy judío.

Le dije:

—¿No puedes pedirle a Jesús que venga a tu corazón porque eres
judío? Entonces no entiendes que con el Judío (Jesús) en tu corazón,
eres doblemente judío.

Él replicó:

—Oh, entonces, ¿es posible?

—Respecto a lo divino Él era el Hijo de Dios. En cuanto a lo
humano era judío. Cuando le aceptas no te conviertes en gentil. Te
vuelves más judío que antes. Serás todo un judío.

Con gran gozo el joven recibió al Señor Jesús como su Salvador
(p. 186).

El eslabón entre el judaísmo y el cristianismo es mucho más fuerte
de lo que mucha gente se da cuenta. El cristianismo es meramente el judaísmo llevado a su conclusión lógica. «El judaísmo y el cristianismo son
tan inseparables como la semilla y la flor, o el árbol y el fruto. En ninguna
parte puede observarse más claramente la relación orgánica entre los dos
que en la Pascua de los judíos y la Cena del Señor que fue ordenada por
Jesús, cuando Él y sus doce discípulos se sentaron alrededor de la mesa de
la Pascua» *(The Gospel in the Feasts of Israel* [El evangelio en las fiestas
de Israel], p. 1). Pablo enfatizó esta conexión crucial cuando identificó a Cristo
como el verdadero Cordero pascual, al escribir a los corintios que «nuestra
pascua, que es Cristo, ya fue sacrificada por nosotros» (1 Corintios 5.7).

1. El significado de la Pascua en el Antiguo Testamento

Esta fiesta (usualmente en marzo o a principios de abril) conmemora la liberación por parte del Dios de Israel del cautiverio en Egipto, el punto central de la historia y adoración judía. La última de las diez plagas con las cuales Dios juzgó a Egipto fue la muerte de todo primogénito (Éxodo 11.5). Éxodo 12.13 explica el nombre de la fiesta: Dios «pasaría» sobre las casas hebreas que exhibían la sangre de un cordero sacrificial en los postes y el umbral de las puertas. El Antiguo Testamento contiene una serie de regulaciones que definen en detalle asuntos como la fecha, el tiempo y la duración de la fiesta, la manera de comer el cordero pascual, y quiénes podían participar del festival (Éxodo 12; Números 9.12, 14).

La Pascua en los días de Jesús tenía una significación doble. Primero, miraba al pasado, en conmemoración de la liberación de Israel de la opresión egipcia (Éxodo 12.14, 17). Segundo, veía al futuro en expectación de la venida del Mesías para establecer su reino. Los rabíes creían que el Mesías vendría más probablemente en la noche de la Pascua. Por consiguiente, era costumbre que cada familia pusiera un lugar en la mesa de la Pascua para Elías, el precursor del Mesías (Malaquías 3.1; 4.5-6), en caso de que el profeta llegara para anunciar las gozosas nuevas de que el Mesías había venido.

La Pascua representaba un nuevo nacimiento, un nuevo comienzo, para la nación de Israel. Cuando huyeron del Faraón los israelitas tuvieron que olvidar las creencias y actitudes de Egipto. La Pascua les preparó para entrar en un nuevo pacto con Dios en el Sinaí, el cual les establecería como un reino de sacerdotes y una nación santa (Éxodo 19.6).

El significado de la Pascua se ve en el hecho de que cambió la forma en que Israel consideraba el tiempo. Dios les ordenó a los israelitas que contaran el mes de su liberación como el primero del año religioso (Éxodo 12.2). (Por tradición el pueblo judío celebra su Año Nuevo fiscal en el otoño, en el séptimo mes del calendario judío.) Fue como si Dios les dijera: «La Pascua es tan significativa que ustedes tienen que adaptar su calendario de acuerdo a ella». (En forma similar, hoy contamos el tiempo a.C. y d.C., antes y después de la venida de Cristo.)

Resumen: La significación de la Pascua en el Antiguo Testamento es que miraba al pasado, a la liberación de Israel de la esclavitud en Egipto, y al futuro, a la liberación final espiritual por medio del *Mesías*.

REPASO:

La significación de la Pascua en el Antiguo Testamento es que miraba al pasado, a la liberación de Israel de la esclavitud en Egipto, y al futuro, a la liberación final espiritual por medio del _____ .

---

2. Cristo observa la Pascua con sus apóstoles (La Cena del Señor)

«La Cena del Señor» es una expresión que se halla una sola vez en el Nuevo Testamento (1 Corintios 11.20), en donde se refiere no sólo a partir el pan y a beber de la copa, sino también a la comida común que lo acompañaba. La Cena del Señor empezó con la última cena que Cristo tuvo con sus discípulos antes de su muerte. Esta cena, también conocida como *comunión* o *eucaristía*, es un rito religioso que los cristianos han de observar regularmente. Los Evangelios Sinópticos indican que el rito de la última cena surgió de la celebración de Cristo de la comida pascual con sus discípulos. No obstante, se ha entendido que Juan indica que la Última Cena tuvo lugar «antes de la fiesta de la pascua» (13.1; véase también Juan 13.2, 21-30). Jesús, como el sacrificio pascual final, fue muerto simultáneamente con la inmolación de los corderos pascuales (compárese con Juan 18.28; 19.12-14).

La mejor armonización de esto que aparenta conflicto surge de un reconocimiento reciente de que al parecer en los días de Jesús había dos fechas para celebrar la Pascua. Al observarla en el día más temprano, Jesús podía celebrar esta especial fiesta religiosa judía con sus amigos más íntimos, antes de finalizarla con su muerte en la fecha oficial de la Pascua. De esta manera Jesús pudo mostrar a sus discípulos el pleno significado simbólico del memorial pascual. Este es el contexto en el cual debe entenderse la institución de Cristo de la nueva celebración cristiana.

> **Resumen:** Jesús observó la Pascua con sus discípulos la noche antes de su muerte, no sólo en fidelidad como judío, sino también en simbolismo *profético* de su propia crucifixión que se avecinaba.

Jesús observó la Pascua con sus discípulos la noche antes de su muerte, no sólo en fidelidad como judío, sino también en simbolismo _____ _____ de su propia crucifixión que se avecinaba.

3. La Pascua como lección objetiva

Una vez tras otra Dios les dijo a los israelitas que recordaran su liberación como un estímulo para su continua fe en Él (por ejemplo, Deuteronomio 5.15; 6.11-12; 8.2). ¿Cómo podían los israelitas, jóvenes y viejos por igual, letrados tanto como iletrados, recordar mejor la liberación divina? Dios les ordenó una repetición anual de la Pascua. Por medio de esta lección objetiva Dios hizo que su pueblo empleara todos los sentidos (vista, oído, olfato, gusto y tacto) para recordar poderosamente la historia de su liberación. El jefe de familia contaría con gran detalle la historia de la liberación de Israel, y explicaría la significación de todos los aspectos de la observación de la Pascua. La siguiente descripción aclarará el significado de algunos de los elementos más importantes en la ceremonia de la Pascua.

a. La lección objetiva empezaba con el cordero pascual

Cada familia debía seleccionar de su rebaño el macho de un año más atractivo y saludable. Luego había un período de cuatro días de cuidado prolijo por toda la casa, para asegurarse de que el animal estuviera saludable y perfecto en todo sentido. Al final del cuarto día la familia entera (especialmente los niños) se habría encariñado con el corderito juguetón. La muerte sacrificial del cordero, que debía comerse como parte de la comida pascual, enseñaría una dolorosa lección: La santidad de Dios requiere que el pecado sea juzgado, y el precio es costoso. Sin embargo, en su misericordia Dios provee un camino de escape o redención.

Ceil y Moishe Rosen destacan varias maneras en que la muerte del inocente cordero pascual es paralela a la muerte de Aquel que al final provee la redención de la pena del pecado *(Christ in the Passover,* [Cristo en la Pascua], pp. 26-27). Primero, el cordero pascual estaba destinado a la muerte. Isaías 53.7-8 registra la profecía de que el Mesías sería como un cordero llevado al matadero, y que moriría por las transgresiones de su pueblo.

Jesucristo fue escogido antes de la creación del mundo, para que muriera como sacrificio por el pecado (1 Pedro 1.19-20).

Segundo, el cordero pascual debía ser examinado escrupulosamente para asegurarse de que era perfecto. Deuteronomio 15.21 revela que un animal defectuoso no era sacrificio aceptable por el pecado. A través de sus tres años y medio de ministerio público, Jesús demostró a la nación judía que era perfecto de corazón y de obra. Incluso el gobernador romano Pilato no pudo hallar falta en Él. Hebreos 4.15 declara que Jesús fue tentado (o probado) «en todo según nuestra semejanza, pero sin pecado». Primera de Pedro 1.19 describe a Jesús como «un cordero sin mancha y sin contaminación».

Tercero, el cordero pascual fue asado al fuego. En las Escrituras el fuego a menudo simboliza el juicio de Dios. Isaías 53 predecía que el Mesías llevaría el juicio de Dios por los pecados de otros y sería contado con los transgresores. Segunda de Corintios 5.21 proclama de Jesús: «que no conoció pecado, por nosotros lo hizo pecado, para que nosotros fuésemos hechos justicia de Dios en él». Como resultado de su identificación con nuestro pecado Jesús sufrió el juicio de Dios en la cruz, lo que le hizo exclamar: «Dios mío, Dios mío, ¿por qué me has desamparado?» (Mateo 27.46).

Cuarto, ningún hueso del cordero pascual debía ser roto (Éxodo 12.46; Números 9.12). Juan 19.32-36 nos dice que los soldados romanos no le quebraron las piernas a Jesús como lo hicieron a los otros dos hombres que fueron crucificados con Él.

b. Dios instruyó a los israelitas a comer el cordero pascual con hierbas amargas (Éxodo 12.8)

En cierto nivel las hierbas amargas representan la amargura de la opresión que Israel había experimentado en Egipto. En la Biblia, casi siempre, la amargura es símbolo de muerte. Las hierbas amargas servirían para recordarles que los primogénitos hebreos vivieron solamente como resultado del sacrificio de los corderos pascuales. Los cristianos reciben nueva vida por medio de su identificación con la muerte del Cordero Pascual definitivo, Jesucristo. Finalmente, con frecuencia la amargura se asocia con el lamento. En Zacarías 12.10 Dios habla de un tiempo en el futuro cuando los israelitas verán al Mesías, «a quien traspasaron, y llorarán como se llora por un hijo unigénito, afligiéndose por él como quien se aflige por el primogénito».

c. El pan sin levadura era también parte de la comida pascual (Éxodo 12.8)

El pan sin leudar no contiene levadura, y por tanto no crece. Aun cuando era apropiado en razón de la prisa con que los hebreos salieron de Egipto, tiene un significado más profundo y simbólico. En la Biblia, y con la excepción de Mateo 13.33, en donde representa crecimiento y expansión, la levadura es un símbolo de pecado. Así Pablo instó a los creyentes corintios: «Limpiaos, pues, de la vieja levadura, para que seáis nueva masa, sin levadura como sois; porque nuestra pascua, que es Cristo, ya fue sacrificada por nosotros. Así que celebremos la fiesta, no con la vieja levadura, ni con la levadura de malicia y de maldad, sino con panes sin levadura, de sinceridad y de verdad» (1 Corintios 5.7-8).

El pan sin levadura tiene una referencia simbólica doble. Primero, representa al Mesías sin pecado. De tres panes sin levadura el padre de familia tomaba el del medio, lo partía, pronunciaba una bendición, y distribuía la mitad del pan partido entre los miembros de su familia, guardando la otra mitad hasta el fin de la comida. El hecho de partir el pan simbolizaba el «partimiento» del cuerpo del Mesías (por ejemplo, véase Mateo 26.26).

Segundo, quitar toda la levadura representaba que los hebreos rompían el ciclo del pecado, y empezaban como una nueva nación al salir de Egipto. Similarmente, la exhortación de Pablo a los corintios es que quiten toda le levadura (pecado) porque son el pueblo redimido del Señor.

d. Los hebreos debían poner en las puertas la sangre del cordero sacrificial (Éxodo 12.7)

El cordero pascual fue inmolado junto a la puerta, en donde su sangre se aplicaría a los dinteles. La sangre del cordero inmolado se recogería en un lebrillo o vasija (Éxodo 12.22), el recipiente que estaba en la zanja cavada justo frente a la entrada de la casa, para evitar que el agua se metiera. Había que mojar un hisopo en la sangre, y aplicarla al marco de la puerta, primero al dintel, luego a los dos postes. Al hacerlo así el israelita ejecutaría el movimiento como si hiciera una cruz de sangre, simbólica del sacrificio pascual de Cristo más de mil cuatrocientos años más tarde.

Es importante notar que los primogénitos israelitas no fueron salvados del juicio divino simplemente porque los hebreos sabían de la provisión de Dios para su liberación. Ninguna casa fue librada del juicio sin la aplicación personal de la sangre sacrificial. Similarmente, una persona no recibe beneficio alguno de la muerte sacrificial de Cristo sin la aplicación personal de ella mediante la fe en su provisión.

e.   La celebración de la Pascua concluía con el canto de los Salmos 113-118. El Salmo de alabanza (118.21-24) afirma:

Te alabaré, porque me has oído,
Y me fuiste por salvación,
La piedra que desecharon los edificadores
    Ha venido a ser cabeza del ángulo.
De parte de Jehová es esto,
    Y es cosa maravillosa a nuestros ojos.
Este es el día que hizo Jehová;
    Nos gozaremos y alegraremos en él.

Estas fueron probablemente las palabras que cantó Cristo y los discípulos al concluir la fiesta pascual: «Y cuando hubieron cantado el himno, salieron al monte de los Olivos» (Mateo 26.30). En la providencia de Dios cada persona que observa la Pascua cantaba estas palabras que se aplicaban a Cristo (Mateo 21.42). Jesús fue la piedra angular que los edificadores rechazaron, pero sobre la cual Dios edificaría su reino. Así la Pascua y la Cena del Señor se combinan en una historia completa de liberación y salvación.

Resumen: La Pascua fue una lección objetiva de sacrificio y expiación por el *pecado.*

REPASO:

La Pascua fue una lección objetiva de sacrificio y expiación por el
_____ .

---

4.   El significado de la Cena del Señor

La Cena del Señor tiene un significado quíntuple. Primero, es un *memorial para Cristo,* quien dijo: «Haced esto en memoria de mí»

(1 Corintios 11.24). Debemos mirar atrás, no solamente a su muerte, sino también a su vida y a su resurrección. Antes que en el sabat como en la religión judía, los cristianos se reúnen para adorar y partir el pan juntos en el primer día de la semana, el día de la resurrección (Hechos 20.7). Debemos honrar a Jesús como el que vive y está presente siempre con los suyos (Mateo 28.20).

Segundo, la Cena del Señor es un *voto de un nuevo pacto*. La copa simboliza la sangre derramada por Cristo para ratificar el nuevo pacto, asegurando así nuestro perdón. Cristo dijo: «Esta copa es el nuevo pacto en mi sangre, que por vosotros se derrama» (Lucas 22.20). Este pacto le provee al creyente el perdón de pecados (Hebreos 10.16-18), y es mejor convenio que el antiguo mosaico al cual reemplaza (2 Corintios 3.6-8; Hebreos 7.22, 12.24). De este modo, el participar del pan y de la copa nos recuerda nuestro perfecto perdón en Cristo.

Tercero, la Cena del Señor es una *proclamación de la muerte de Cristo*. En 1 Corintios 11.26 Pablo escribió: «Así, pues, todas las veces que comiereis este pan, y bebiereis esta copa, la muerte del Señor anunciáis hasta que Él venga». Al participar juntos en la comunión los cristianos proclaman tanto el hecho como el significado de la muerte de Cristo.

Cuarto, la Cena del Señor es un *recordatorio profético* del regreso de Cristo. Se nos enseña a que practiquemos esta ordenanza hasta que Cristo vuelva otra vez (1 Corintios 11.26). Esta ceremonia no sólo recuerda la muerte de Cristo, sino ve su regreso por los suyos. En la última cena Jesús proclamó a sus discípulos: «Y os digo que desde ahora no beberé más de este fruto de la vid, hasta aquel día en que lo beba nuevo con vosotros en el reino de mi Padre». La participación en la Cena del Señor les recuerda a los creyentes la gozosa reunión y deleite sin fin que nos espera cuando el Señor regrese y nos unamos con Él en la cena de las bodas del Cordero (Apocalipsis 19.9).

Finalmente, la Cena del Señor *es un tiempo de comunión con Cristo y otros creyentes*. Los redimidos se congregan para celebrar un momento especial alrededor del Señor Jesucristo. Cristo está presente en medio nuestro cuando participamos de los elementos que simbolizan su cuerpo y su sangre. En la iglesia primitiva se tenía una comida regular, una «fiesta de amor», antes de la comunión. La Mesa del Señor debe recordarnos la humildad de Cristo y nuestra responsabilidad de servirnos unos a otros. Por ejemplo, en la última cena Cristo les lavó los pies a los discípulos, un acto de humildad, devoción, y de amor que dijo que era un ejemplo de cómo debemos actuar (Juan 13.14-15).

Resumen: La Cena del Señor es el *cumplimiento* de la Pascua en el Nuevo Testamento, simbolizando el cumplimiento de Cristo de las promesas del Antiguo Testamento.

REPASO:

La Cena del Señor es el _____ de la Pascua en el Nuevo Testamento, simbolizando el cumplimiento de Cristo de las promesas del Antiguo Testamento.

Repaso

1. La significación de la Pascua en el Antiguo Testamento es que miraba al pasado, a la liberación de Israel de la esclavitud en Egipto, y al futuro a la liberación final espiritual por medio del *Mesías.*

2. Jesús observó la Pascua con sus discípulos la noche antes de su muerte, no sólo en fidelidad como judío, sino también en simbolismo *profético* de su propia crucifixión que se avecinaba.

3. La Pascua fue una lección objetiva de sacrificio y expiación por el *pecado.*

4. La Cena del Señor es el *cumplimiento* de la Pascua en el Nuevo Testamento, simbolizando el cumplimiento de Cristo de las promesas del Antiguo Testamento.

Autoevaluación

1. La significación de la Pascua en el Antiguo Testamento es que miraba al pasado, a la liberación de Israel de la esclavitud en Egipto, y al futuro a la liberación final espiritual por medio del _____ .

2. Jesús observó la Pascua con sus discípulos la noche antes de su muerte, no sólo en fidelidad como judío, sino también en simbolismo *profético* de su propia crucifixión que se avecinaba.

3. La Pascua fue una lección objetiva de sacrificio y expiación por el _____ .

4. La Cena del Señor es el _____ de la Pascua en el Nuevo Testamento, simbolizando el cumplimiento de Cristo de las promesas del Antiguo Testamento.

LA RESURRECCIÓN DE JESUCRISTO

La resurrección de Jesús es el acontecimiento más importante en la historia del mundo, por no mencionar que es el suceso principal de la redención. Pablo avanzó al punto de afirmar que la fe cristiana y la salvación que promete permanece o cae con la resurrección: «Y si Cristo no resucitó, vuestra fe es vana; aún estáis en vuestros pecados. Entonces también los que durmieron en Cristo perecieron. Si en esta vida solamente esperamos en Cristo, somos los más dignos de conmiseración de todos los hombres». Si Cristo fue resucitado de entre los muertos, entonces se puede confiar en todo lo que Él dijo. Si no resucitó, no se puede confiar en nada de lo que dijo. Es verdad: Todo permanece o cae dependiendo de la resurrección.

No nos sorprende, entonces, que los que critican al cristianismo se han concentrado en la resurrección de Jesucristo. Saben que si pueden derribar ese hecho, pueden derribarlo todo estrepitosamente. Pero, como el autor de éxitos de librería dijo una vez: «Después de 2,000 años nadie va a hacer una pregunta que derribará a Cristo estrepitosamente».

Es más, el intento ha resultado como tiro por la culata en buen número de casos, en los cuales los que intentaron ser asesinos llegaron a una fe personal en Jesús como resultado de su estudio. La evidencia de su resurrección de los muertos es abrumadora. Por ejemplo, el abogado Frank Morrison planeó escribir un libro para mostrar el error de la resurrección. Sin embargo, su investigación le obligó a avanzar a la conclusión opuesta. El libro de Morrison *¿Quién movió la piedra?* es una discusión poderosa sobre la realidad de la resurrección. Similarmente, el general Lew Wallace estaba investigando los antecedentes para una novela histórica sobre un judío contemporáneo de Cristo. Después de verse abrumado por la evidencia de la resurrección, Wallace puso su fe en Cristo, y escribió *Ben Hur*, una conmovedora historia ficticia que respalda la resurrección. Como C. S. Lewis cuenta en su autobiografía *Surprised by Joy* [Sorprendido por el gozo], la evidencia de la resurrección de Cristo llevó a un Lewis renuente a correr y clamar a la fe en Cristo.

Si usted aplica a la resurrección las mismas pruebas que aplicaría a cualquier otro suceso histórico, concluirá que en efecto ocurrió. Solamente los que no quieren creer pueden resultar con otra conclusión, y para hacerlo deben torcerle el brazo a la investigación histórica.

Hay tres intentos comunes de desprestigiar la resurrección.

1. La teoría del robo

El intento más antiguo para desprestigiar la resurrección de Cristo consiste en afirmar que se robaron su cuerpo. Había que encontrar cómo explicar la tumba vacía. Así, los líderes judíos sobornaron a los soldados romanos para que informaran que los discípulos se habían robado el cuerpo de Jesús mientras que la guardia dormía (Mateo 28.11-15).

Esta historia fue tan claramente falsa que Mateo ni siquiera se molestó en refutarla. Como Paul Little observó en *Know Why You Believe* [Sepa por qué usted cree] (p. 52): «¿Qué juez le prestaría atención si usted dijera que mientras dormía, su vecino entró a su casa, y se robó su aparato de televisión? ¿Quién sabe lo que ocurre mientras duerme? Un testimonio como este sería motivo de risa en cualquier corte».

El testimonio de que el cuerpo de Jesús fue robado y que los soldados romanos fueron apostados para evitarlo, era ridículo también por otras razones. ¿Cuán probable es que *todos* los soldados romanos se quedaran dormidos cuando el castigo ordinario por ello era la muerte? Si se quedaron dormidos, ¿no se despertaría alguno por el sonido de la piedra cuando fue quitada de la entrada de la tumba?

Además, la teoría del robo exige de los discípulos una conducta extraña a lo que conocemos de su carácter. ¿Perpetrarían ellos deliberadamente una mentira que al final llevaría a la muerte de incontable número de personas, incluyendo muchos de ellos? La gente algunas veces está dispuesta a morir por una falsedad debido a que creen que es verdad. Pero, ¿enfrentarían los discípulos la tortura y la muerte por lo que *sabían* que era una mentira? ¿Cuán probable es que ninguno de los supuestos conspiradores jamás se retractó de su historia, aunque fuera en su lecho de muerte? Incluso si los discípulos se robaron el cuerpo de Jesús, ¿cómo podemos explicar las apariciones después de la resurrección, incluyendo una a más de quinientas personas a la vez (1 Corintios 15.6)?

Como resumió el profesor E. F. Kevan:

> Los enemigos de Jesús no tenían motivo para llevarse el cuerpo; los amigos de Jesús no tenían el poder para hacerlo. Hubiera sido ventajoso para las autoridades que el cuerpo permaneciera donde estaba; y la opinión de que los discípulos robaron el cuerpo es imposible. El poder para sacar el cuerpo del Salvador de la tumba debe por consiguiente haber sido divino. (Citado por Josh McDowell en *Evidence That Demands a Verdict* [Evidencia que exige veredicto], p. 239).

Resumen: La teoría del robo afirma que los *discípulos* se robaron el cuerpo de Jesús de la tumba después de que Él murió.

REPASO:

La teoría del robo afirma que los _____ se robaron el cuerpo de Jesús de la tumba después de que Él murió.

---

2. La teoría del desmayo

Esta teoría afirma que Cristo en realidad no murió en la cruz. Más bien pareció estar muerto pero solamente se había desmayado debido al agotamiento, al dolor y a la pérdida de sangre. Revivió cuando fue colocado en la tumba fría. Después de salir de ella apareció a sus discípulos, quienes erróneamente concluyeron que había resucitado de los muertos.

Debe destacarse que esta teoría apareció por primera vez hacia fines del siglo dieciocho, lo cual la convierte en una «atrasada» en extremo. Ninguno de los ataques lanzados contra el cristianismo en los tiempos antiguos ponía en tela de duda el hecho de que Jesús había muerto en la cruz. Una de las responsabilidades de los soldados romanos que tuvieron parte en su ejecución era asegurarse de que muriera. Se nos dice que Jesús ya había muerto antes de que lo bajaran de la cruz. Sin embargo, para asegurarse doblemente, uno de los soldados le abrió el costado con una lanza (probablemente perforando su corazón) (Juan 19.33-34).

Jesús había sufrido mucho incluso antes de que fuera clavado en la cruz. Había soportado el terrible castigo del flagelamiento romano, en el cual su espalda quedó reducida a una masa sanguinolenta al ser cortada en tiras por el vidrio y el metal en las puntas del látigo. Los soldados del gobernador le golpearon repetidamente en la cabeza. Había sido obligado a llevar la cruz desde el palacio del gobernador hacia el lugar de la ejecución hasta que, debido al debilitamiento, se obligó a otro hombre a llevar la cruz lo que restaba del camino.

Pero supóngase por un minuto que los verdugos romanos se equivocaron, y que de alguna manera Jesús sobrevivió y fue sepultado vivo. ¿Cuán probable sería que Él hubiera soportado otras treinta y seis horas en una tumba fría y húmeda, sin alimento, sin agua y sin atención médica? ¿Hubiera sobrevivido el amortajamiento (similar al embalsamamiento) con telas gruesas empapadas de especias y ungüentos, las cuales pesaban alrededor de setenta libras? ¿Hubiera Él tenido la fuerza para librarse de los lienzos sepulcrales, quitar la pesada piedra que sellaba la entrada del sepulcro, vencer a los guardias romanos, y luego caminar varios kilómetros con los pies que habían sido perforados por los clavos?

Incluso el ya fallecido crítico alemán David Strauss, que no creía en la resurrección, reconoció lo absurdo de esta teoría. Strauss dijo:

> Es imposible que Uno que acaba de salir de una tumba medio muerto, que se arrastra débil y sufriendo, que está necesitando tratamiento médico, vendajes, fortalecimiento, y cuidado tierno, y que al fin sucumbió al sufrimiento, pudiera jamás haberles dado a los discípulos la impresión de ser el Príncipe de Vida. Esto yace en la misma base de su ministerio futuro. Tal resucitación podría sólo haber debilitado la impresión que Él había hecho en ellos en vida y en muerte —o, en el mejor de los casos, pudiera haber dado lugar a una voz elegíaca— pero de ninguna manera hubiera podido cambiar su aflicción en entusiasmo o elevar su reverencia hasta la adoración. (Citado por Paul Little en *Know Why You Believe* [Sepa por qué usted cree], p. 54.)

Se debe notar una objeción final a esta teoría. Si Jesús de alguna manera se recuperó de un desmayo que parecía muerte, hubiera sido culpable de abierto engaño y falsedad. ¿Pudiera una persona de integridad revelada en los Evangelios haber animado a sus seguidores a predicar y basar su vida en una mentira?

Resumen: La teoría del desmayo afirma que Jesús no murió en la cruz, sino que meramente cayó en un *coma* que parecía muerte, de la cual revivió después de que fue puesto en la tumba fría.

REPASO:

La teoría del desmayo afirma que Jesús no murió en la cruz, sino que meramente cayó en un _____ que parecía muerte, de la cual revivió después de que fue puesto en la tumba fría.

---

3. La teoría de la visión subjetiva o alucinación

De acuerdo a esta teoría los discípulos añoraban tan intensamente a su maestro muerto que se imaginaron que lo vieron y le oyeron hablándoles. Sea que a las experiencias de los discípulos se las llame alucinaciones, visiones o ilusiones, se las considera completamente subjetivas, que tuvieron lugar solamente en las mentes apasionadas de los discípulos.

Esta teoría es inaceptable por varias razones. Primero, por lo general sólo la gente que es muy imaginativa o nerviosa tiene alucinaciones. Muchas personas de variada disposición, incluyendo pescadores curtidos como Pedro, afirmaron haber visto a Jesús resucitado.

Segundo, debido a que las alucinaciones son altamente subjetivas e individuales, no hay dos personas que tengan la misma experiencia. Pero Cristo se apareció a grupos tanto como a individuos. Por ejemplo, 1 Corintios 15.6 informa de una aparición a más de quinientas personas a la vez, muchos de los cuales todavía vivían cuando esto fue escrito por Pablo.

Tercero, las alucinaciones típicamente ocurren solamente en tiempos y lugares en particular que se asocian con los sucesos imaginarios. Sin embargo, Cristo se apareció en una variedad de escenarios, tales como: (1) temprano en la mañana a las mujeres en la tumba (Mateo 28.9-10), (2) una tarde a dos discípulos camino a Emaús (Lucas 24.13-33), (3) temprano una mañana a sus discípulos a orillas del mar de Tiberias (Juan 21.1-23), y (4) en una montaña en Galilea a más de quinientos creyentes (1 Corintios 15.6).

Pero de mayor importancia, las alucinaciones de este tipo siempre «ocurren como el clímax de un período de pensamiento anhelante y exagerado» (John R. W. Stott, *Basic Christianity* [Cristianismo básico], p. 55). Sin embargo, los discípulos no esperaban con optimismo la resurrección de Jesús. Al contrario, no quisieron creer y dudaron cuando les dijeron de su resurrección, e incluso cuando ellos mismos vieron al Señor resucitado (Mateo 28.17; Marcos 16.8, 11, 14; Lucas 24.11, 37; Juan 20.24, 25).

Resumen: La teoría de la alucinación afirma que los discípulos de Jesús tuvieron una visión *común* de que Jesús resucitó de los muertos.

REPASO:

La teoría de la alucinación afirma que los discípulos de Jesús tuvieron una visión _____ de que Jesús resucitó de los muertos.

---

4. La resurrección como historia

El caso positivo de la exactitud histórica de la resurrección es abrumador y se delineará brevemente a continuación. Primero, ¿es el Nuevo Testamento históricamente válido? En otras palabras, ¿ofrece un cuadro confiable de las afirmaciones y acciones de Jesús? El Nuevo Testamento claramente pasa las tres pruebas que generalmente se emplean en los estudios de la crítica histórica y literaria: las pruebas bibliográfica, de evidencia interna y de evidencia externa.

La prueba bibliográfica consiste simplemente en que puesto que no tenemos los documentos originales, ¿podemos reconstruirlos lo suficiente como para ver que afirmaban lo que Jesús dijo e hizo? Los documentos del Nuevo Testamento son *con mucho* los mejores atestiguados de la antigüedad en términos tanto de número de ejemplares existentes, y del menor tiempo transcurrido entre las copias más antiguas y los manuscritos originales. Por ejemplo, poco antes de su muerte Sir Frederic Kenyon, ex director y principal bibliotecario del Museo Británico, concluyó:

El intervalo, entonces, entre las fechas de composición original y la más temprana evidencia existente llega a ser tan corto que es en realidad insignificante, y ahora se ha eliminado el último cimiento para cualquier duda de que las Escrituras nos han llegado sustancialmente como fueron escritas. Tanto la autenticidad y la integridad general de los libros del Nuevo Testamento pueden considerarse como finalmente establecidas. (Frederic Kenyon, *The Bible and Archeology* [La Biblia y la arqueología], pp. 288-289; énfasis de Kenyon).

La segunda prueba incluye una consideración de la evidencia interna de los documentos. John Marwick Montgomery explica: «Esto quiere decir que uno debe escuchar las afirmaciones de los documentos bajo análisis, y no dar por sentado fraude o error a menos que el autor se descalifique a sí mismo mediante contradicciones o errores factuales conocidos» *(History and Christianity* [Historia y cristianismo], p. 9). Los autores del Nuevo Testamento con frecuencia afirman haber escrito como testigos oculares o con conocimiento de primera mano (por ejemplo, Lucas 1.1-3; Juan 19.35; y 2 Pedro 1.16).

La prueba de la evidencia externa trata de determinar si otros materiales históricos respaldan o niegan el testimonio interno que proveen los mismos documentos. Un examen cuidadoso de la literatura escrita al mismo tiempo que la Biblia confirma la confiabilidad histórica de los relatos del Nuevo Testamento. Por ejemplo, después de años de investigación arqueológica y geográfica Sir William M. Ramsay concluyó: «La historia de Lucas no tiene rival respecto a su confiabilidad». Más recientemente el profesor de historia en Oxford, A. N. Sherwin-White escribió respecto al volumen compañero del Evangelio de Lucas, Hechos, que «cualquier intento de rechazar su historicidad básica incluso en asuntos de detalle debe ahora aparecer absurdo. Los historiadores romanos por largo tiempo la han dado por sentado» *Roman Society and Roman Law in the New Testament* [Sociedad romana y ley romana en el Nuevo Testamento], p. 189).

Los documentos del Nuevo Testamento unánimemente presentan a Jesús quien afirmó ser divino, y que fue resucitado de los muertos. Si Jesús no fue divino, quedan solamente tres maneras para interpretar la información del Nuevo Testamento:

a. Jesús adujo ser el Hijo de Dios, pero sabía que no lo era. Jesús era un mentiroso.

b. Jesús pensó que era el Hijo de Dios, pero no lo era. Jesús era un lunático.

c. Jesús jamás afirmó ser el Hijo de Dios. Esto significa que los discípulos, quienes le atribuyeron la falsa declaración, fueron mentirosos, lunáticos o exagerados ingenuos.

¿Podría Jesús, a pesar de su noble enseñanza ética y carácter personal, haber mentido respecto a su propia identidad y propósito? ¿Podría tan gran maestro moral haberse confundido sicóticamente respecto a su propia identidad? C. S. Lewis concluyó que, si Cristo no fue un mentiroso o lunático, debe ser el Señor; es decir, el Hijo de Dios que afirmó ser. Pero, ¿no hay una tercera manera de evitar esta conclusión? ¿Acaso no podrían los seguidores de Jesús haber pintado un cuadro falso de Él?

Como John Marwick Montgomery lo detalla en *History and Christianity* [Historia y cristianismo] (pp. 66-67), tal interpretación cae por tres cuentas decisivas:

> Primero, todos los tipos de especulación mesiánica en ese tiempo eran una variación del cuadro mesiánico que Jesús pintó de sí mismo, de modo que fue un candidato singularmente pobre para la deificación. Segundo, los apóstoles y evangelistas fueron sicológica, ética y religiosamente incapaces de realizar tal deificación. Tercero, la evidencia histórica de la resurrección de Cristo, el suceso que atestigua grandemente a favor de sus afirmaciones de deidad, no podrían haber sido fabricada.

Si la resurrección no ocurrió, ¿cómo puede uno dar razón de la transformación de los desanimados y derrotados seguidores de Jesús en un grupo de gente dinámica, gozosa, dispuesta a sufrir y morir para predicar un Salvador resucitado? ¿Por qué ni uno solo de ellos se escapó de la muerte retractándose, o salvó su conciencia confesando en su lecho de muerte el engaño? ¿Cómo ganó este mensaje tantos seguidores entre las personas que tuvieron contacto con los sucesos de los cuales se hablaban y que podrían así haber detectado la falsedad? (Por ejemplo, en 1 Corintios 15.6 Pablo se refiere a más de quinientas personas que vieron a Jesús resucitado y que todavía estaban vivas más de veinte años más tarde).

En su autobiografía *Surprised by Joy* [Sorprendido por el gozo] C. S. Lewis cuenta una poderosa historia respecto a la evidencia de la resurrección. Poco antes de su reacia conversión del ateísmo al cristianismo:

> El más recalcitrante de todos los ateos que conocía estaba sentado en mi habitación al otro lado de la chimenea, y comentó que la evidencia para la historicidad de los Evangelios era sorprendentemente buena. «Cosa rara», prosiguió. «Todo ese parloteo de Frazer respecto al Dios muriéndose. Cosa rara. Casi parece como si en realidad hubiera ocurrido alguna vez». Para comprender el impacto terrible de eso uno necesitaría conocer al hombre (que ciertamente jamás desde entonces ha mostrado el menor interés en el cristianismo). Si él, el incrédulo de incrédulos, el más empedernido de los empedernidos no estaba —como yo todavía lo diría, «seguro», ¿a dónde acudiría yo? ¿No había entonces escape? (pp. 223-224).

Para repetir, si aplica a la resurrección las mismas pruebas que a cualquier otro acontecimiento histórico, usted saldría concluyendo que la resurrección de Jesús en realidad ocurrió. Solamente los que no *quieren* creerla llegarían a otra conclusión, y deben torcerle el brazo a la investigación histórica para lograrlo.

Resumen: La posición de la resurrección como historia afirma que Jesús *resucitó* de los muertos, como dijo que haría.

REPASO:

La posición de la resurrección como historia afirma que Jesús _____ de los muertos, como dijo que haría.

Repaso

1. La teoría del robo afirma que los *discípulos* se robaron el cuerpo de Jesús de la tumba después de que Él murió.

2. La teoría del desmayo afirma que Jesús no murió en la cruz, sino que meramente cayó en un *coma* que parecía muerte, de la cual revivió después de que fue puesto en la tumba fría.

3. La teoría de la alucinación afirma que los discípulos de Jesús tuvieron una visión *común* de que Jesús resucitó de los muertos.

4. La posición de la resurrección como historia afirma que Jesús *resucitó* de los muertos, como dijo que haría.

Comprobación Personal

1. La teoría del robo afirma que los _____ se robaron el cuerpo de Jesús de la tumba después de que Él murió.

2. La teoría del desmayo afirma que Jesús no murió en la cruz, sino que meramente cayó en un _____ que parecía muerte, de la cual revivió después de que fue puesto en la tumba fría.

3. La teoría de la alucinación afirma que los discípulos de Jesús tuvieron una visión _____ de que Jesús resucitó de los muertos.

4. La posición de la resurrección como historia firma que Jesús _____ de los muertos, como dijo que haría.

VEINTISÉIS

CARÁCTER DISTINTIVO
DEL CRISTIANISMO

 Solían haber sólo tres cadenas de televisión; ahora hay docenas de ellas. Solían haber sólo tres fabricantes de automóviles en Detroit; ahora hay muchos en todo el mundo. Antes había sólo una compañía de teléfonos; ahora hay muchas. Vivimos en una edad de crecientes alternativas.

Dondequiera que mire, hay más y más opciones, más y más creencias, más y más oportunidades. Las alternativas religiosas también se incrementan. De los más de mil quinientos grupos religiosos en los Estados Unidos hoy, más de seiscientos no son cristianos. Al compaginar los resultados del censo de 1990 con los de las encuestas Gallup, se estima que más de 17.5 millones de adultos en los Estados Unidos afirman tener una religión no cristiana (Terry C. Muck, *Those Other Religions in Your Neighborhood* [Esas otras religiones en su vecindario]). Un vistazo a las páginas amarillas de su guía telefónica local confirmará una creciente variedad de alternativas religiosas en la mayoría de las comunidades.

> Como resultado, ha habido un cambio de valores absolutos a valores relativos. Muchos estadounidenses no tienen una convicción clara de lo que está bien y lo que está mal; en lugar de eso, sostienen una filosofía de que lo que para mí es bueno o malo, no coincide con lo que para usted es bueno o malo. Esta es la última expresión del individualismo e independencia estadounidenses. (Leith Anderson en *Dying for Change* [Morir por cambiar], p. 32).

Algunas veces se afirma que todas las religiones son fundamentalmente lo mismo, de todas maneras. Son simplemente diferentes caminos al mismo dios. La vida es como trepar una montaña. Con sólo llegar a la cúspide, se arguye, ¿por qué tiene que importar qué sendero toma uno para llegar allá?

Probablemente habrá oído el poema de John Godrey Sacks respecto a los ciegos que fueron a ver un elefante. Por supuesto, podían «verlo» al tocarlo. Cuando se les planteó que describieran al elefante, uno agarró la trompa y concluyó: «Un elefante es como una culebra». El segundo, quien tocó la gruesa pata del elefante, determinó: «No; un elefante es como el tronco de un árbol». El tercero, después de palpar uno de los colmillos del elefante, dijo: «Ustedes están equivocados. Un elefante es liso, frío y duro». Otro lo describió como un abanico debido a que palpó la oreja; y así por el estilo. Aun cuando todos los ciegos trataban de describir el mismo animal, sus descripciones eran muy diferentes.

De modo que se nos deja con una pregunta fundamental: ¿Son todas (o siquiera algunas) de las religiones del mundo esencialmente lo mismo? ¿O es el cristianismo distinto en maneras cruciales de las demás religiones? Examinaremos primero varias áreas en común entre diversas religiones, luego consideraremos cómo difieren. Cerraremos con principios sugeridos para proclamar la verdad en un mundo pluralista.

1. Similaridades entre el cristianismo y otras religiones

Terry C. Muck *(Those Other Religions in Your Neighborhood* [Esas otras religiones en su vecindario]) destaca tres áreas similares entre todas las religiones. Primero, todas tratan de la misma necesidad humana. Todas las personas (a menos que hayan sido educadas o condicionadas para negarlo) tienen un innato sentido de que algo anda mal, y que se quedan cortos de la norma (véase Romanos 2.14-15). Así, reconocen una necesidad de algo más allá de sí mismos.

Segundo, todas las religiones son igualmente sinceras. Uno podría argüir que, como intentos hechos por el hombre para hallar a Dios, son igualmente insinceras y condenadas al fracaso. Algunas incluyen al cristianismo institucional en esta evaluación. Se arguye que genuinamente nadie busca a Dios (por ejemplo, en Romanos 3.10-11 Pablo cita del Antiguo Testamento que: «No hay justo, ni aun uno; No hay quien entienda. *No hay quien busque a Dios* [énfasis añadido]»). El verdadero cristianismo no es tanto una religión como una relación iniciada por Dios; por ejemplo, note la descripción de Cristo de su propio propósito: «Porque el Hijo del Hombre vino a buscar y a salvar lo que se había perdido» (Lucas 19.10).

Tercero, todas las religiones enseñan esencialmente el mismo código moral. Hay una similitud asombrosa entre los postulados de conducta enseñados por las principales religiones del mundo. C. S. Lewis llamó *Tao* al aparentemente código universal que sostiene a estas varias religiones. Por ejemplo, el cimiento de la vida religiosa para los budistas es la *pacansilia*, cinco reglas de moralidad que repudian el matar, robar, mentir, la infidelidad sexual, y el consumo de sustancias tóxicas. Confucio enseñó: «Lo que no quieres que te hagan, no lo hagas a otros»; una forma negativa de la regla de oro cristiana («Haz a otros como quieras que te lo hagan a ti»).

Sin embargo, es una falacia fundamental identificar la esencia del cristianismo con un código de ética. Más bien, el cristianismo es la interacción decisiva de Dios en la historia humana por medio de la encarnación, la muerte sustitutiva, y la resurrección de Jesucristo.

Resumen: El cristianismo tiene *similaridades* con otras religiones que deben reconocerse.

REPASO:

El cristianismo tiene _____ con otras religiones que deben reconocerse.

---

2. Diferencias entre el cristianismo y otras religiones

Una perspectiva cristiana de la realidad difiere de muchas maneras específicas de las perspectivas sostenidas por los hindúes, budistas, el pensamiento de la Nueva Era, etc. Dos de los aspectos cruciales que diferencian el cristianismo de las otras religiones incluyen, primero, que las religiones ofrecen diferentes respuestas a la naturaleza del problema básico de la humanidad y, por consiguiente, la respuesta a ese problema.

En el *budismo* se dice que todo el dolor y el sufrimiento es el resultado del deseo. La meta es extinguir el deseo, siguiendo el «Sendero óctuple de Buda para la iluminación». El éxito resulta en el *nirvana,* un estado total de nada en el cual el yo es aniquilado.

Nirvana es también la meta del *hinduísmo,* en el cual se entiende como una reunión con Dios conseguida por medio de un continuo ciclo de nacimiento, vida, muerte y renacimiento. Sea que uno vuelva a nacer en una forma más alta (y así acercarse más a un nirvana final posible) o en una forma más baja, depende de cuán moralmente uno haya vivido.

En el pensamiento *islámico* el cielo (en donde, irónicamente, uno puede solazarse con vino, mujeres y canciones) se alcanza mediante una vida virtuosa de renuncia al alcohol y a la inmoralidad sexual, al guardar las «cinco columnas del islam»: repetir el credo, viajar a la ciudad sagrada de La Meca, dar limosnas a los pobres, orar cinco veces cada día, y ayunar cada año durante Ramadán.

El denominador común entre estas tres religiones y todas las otras no cristianas es que alcanzar la salvación definitiva depende de las buenas obras del adherente. En contraste la Biblia enseña que la salvación es resultado de la gracia de Dios, y que las buenas obras son la respuesta natural al amor de Él (compárese con Efesios 2.8-10). Debido a que la salvación depende de lo que Dios ha hecho por nosotros, los cristianos pueden estar seguros de ella. ¿Cómo pueden los que se adhieren a cualquier «religión de obras» tener confianza en que sus buenas obras fueron suficiente para merecer la salvación? (Por ejemplo, Isaías 64.6 afirma que «todas nuestras justicias son como trapo de inmundicia» a la vista de un Dios santo.)

Segundo, las varias religiones difieren grandemente en su concepto de Dios. La Biblia revela que Dios es Espíritu y que es infinito, o ilimitado, respecto a conocimiento (omnisciencia), espacio (omnipresencia), poder (omnipotencia), y tiempo (eternidad). Dios es tanto trascendente, es decir diferente de nosotros y de nuestro mundo, como inmanente, o sea presente con nosotros. Dios es soberano; nada está fuera de su interés, control y autoridad. La bondad de Dios se expresa en su santidad, o absoluta justicia, y su amor. Dios es personal, no meramente fuerza, energía o sustancia. Como nosotros, Dios sabe que Él existe, piensa y actúa. Finalmente, en el cristianismo (no en el judaísmo) Dios se revela como una Trinidad. Esto es, «dentro de la esencia única de la Deidad tenemos que distinguir a tres "personas" que no son tres dioses por un lado, ni tres partes o modos de Dios, por el otro, sino coiguales y coeternamente Dios» *(Evangelical Dictionary of Theology* [Diccionario evangélico de teología], p. 1, 112). Las tres personas de la Deidad son Dios el Padre, Dios el Hijo (Jesucristo), y el Espíritu Santo.

En contraste, Buda jamás aduo deidad para sí mismo, profesaba el agnosticismo respecto a si Dios alguna vez existió. Incluso si Dios en efecto existía, de acuerdo a Buda, no podía ayudar al individuo a conseguir iluminación.

Los hindúes son panteístas, es decir, creen que todo es «Dios»; Dios y el universo son idénticos. En realidad, al mundo material se lo ve como una ilusión *(maya)*, y toda realidad es espiritual. Así Dios, o *Brahman*, es un principio o fuerza que subyace en la creación antes que la persona. Dios es la «Fuerza» que subyace en el universo, y tiene un «lado oscuro» y luz, o un lado bueno. Sin embargo, al final Brahman está más allá del bien o del mal, y estas categorías son ilusiones.

El islam y el judaísmo proclaman conceptos de Dios que son mucho más cercanos al concepto cristiano. Ambas religiones reconocen a Dios como persona y como independiente de su creación.

Mahoma enseñó que aun cuando Jesús era, en verdad, un profeta, él (Mahoma) era el más grande profeta de Alá (Dios). El Corán, las escrituras islámicas, muestra a Alá como caprichoso e independiente totalmente de los seres humanos. La falta total de identificación entre Alá y los seres humanos hace inconcebible para los musulmanes la encarnación y muerte sustituta de Jesús como el Dios hombre.

El concepto judío de Dios es inadecuado debido a que no aceptan que Jesucristo es el Hijo de Dios. A los judíos que aducían que Dios era su padre (Juan 8.41) Jesús les respondió: «Si vuestro padre fuese Dios, ciertamente me amaríais; porque yo de Dios he salido, y he venido... Él que es de Dios, las palabras de Dios oye; por esto no las oís vosotros, porque no sois de Dios» (Juan 8.42, 47).

El cristianismo se distingue en que Jesucristo afirmó ser Dios.

Resumen: El cristianismo tiene *diferencias* que lo hacen distinto de otras religiones.

REPASO:

El cristianismo tiene _____ que lo hacen distinto de otras religiones.

---

3. Cristo como el único camino a Dios

La Biblia afirma que Jesucristo es el único camino a Dios. Jesús, a diferencia de otros grandes maestros religiosos, hizo de la creencia en su identidad divina el punto focal de su enseñanza. Por ejemplo, Jesús proclamó:

Nadie conoce al Hijo, sino el Padre, ni al Padre conoce alguno, sino el Hijo, y aquel a quien el Hijo lo quiera revelar (Mateo 11.27).

El que en él cree, no es condenado; pero el que no cree, ya ha sido condenado, porque no ha creído en el nombre del unigénito Hijo de Dios (Juan 3.18).

Esta es la obra de Dios, que creáis en el que él ha enviado (Juan 6.29).

Si no creéis que yo soy, en vuestros pecados moriréis (Juan 8.24).

Yo soy el camino, y la verdad, y la vida; nadie viene al Padre, sino por mí (Juan 14.6).

La enseñanza clara e inequívoca de los apóstoles fue que «en ningún otro hay salvación; porque no hay otro nombre bajo el cielo, dado a los hombres, *en que podamos ser salvos*» (Hechos 4.12, énfasis añadido). En verdad, «todo aquel que niega al Hijo, tampoco tiene al Padre. El que confiesa al Hijo, tiene también al Padre» (1 Juan 2.23). Sir Norman Anderson escribió: «Es inequívocamente claro en el Nuevo Testamento que Jesús de Nazaret fue proclamado por los apóstoles como Señor y Salvador, y que la misma base del mensaje apostólico fue su muerte y su resurrección» *(Christianity and World Religions* [El cristianismo y las religiones mundiales], p. 46). La identidad de Cristo como el Dios-hombre es crítica porque «es sólo el hecho de quien era Cristo lo que dio a su muerte sacrificial su significado redentor y expiatorio» (Anderson, pp. 29-30). Anderson apropiadamente pregunta (pp. 139-140):

Porque si Dios podía haberse revelado adecuadamente a sí mismo en alguna otra manera, ¿cómo puede uno creer que Él iría hasta el punto casi inconcebible de la encarnación?... Y si Dios podía haber tratado con el problema del mal en cualquier otra manera, ¿cómo puede uno creer que Él hubiera tomado, en Cristo, el lugar del pecador y llevado la culpa del pecador, con toda su agonía (por no decir nada del misterio) expresada en ese grito de desolación en la cruz: «Dios mío, Dios mío, ¿por qué me has desamparado?» (Marcos 15.34).

Resumiendo: *«Para la dolencia humana hay sólo un remedio específico, y es este. No hay otro»* (Stephen Neil citado por Anderson, p. 143; énfasis añadido).

Como Kenneth Boa y Larry Moody recalcan en *I'm Glad You Asked* [Me alegro que me preguntara], hay tres principales objeciones a la verdad de la exclusividad del cristianismo como el único camino a Dios, cada una de las cuales se basa en una presuposición falsa.

(1) La primera es que elimina a muchas personas sinceras que están buscando a Dios mediante otras religiones. La presuposición falsa detrás de este argumento es que las personas sinceras no pueden equivocarse. Probablemente todos nosotros hemos estado sinceramente equivocados antes.

(2) La segunda objeción es que, aun cuando el cristianismo puede estar bien para algunas personas, tal vez no sea lo mejor para todo el mundo. La presuposición es que la verdad es determinada por las creencias de uno, o la falta de ellas. El error es que no toda la verdad se determina subjetivamente. Por ejemplo, la ley de la gravedad es verdad, ¡independientemente de las preferencias individuales sobre el asunto! De igual manera, la verdad del cristianismo debe ser determinada en una base objetiva.

(3) La tercera objeción es la falsa creencia de que cualquier cosa tan estrecha debe estar equivocada. Aun cuando la tolerancia es admirable en las relaciones personales, la verdad es intolerante en cuanto al error. Como Paul Little comenta en *Know Why You Believe* [Sepa por qué cree] (p. 152):

> Si dos más dos son cuatro, la suma al mismo tiempo no puede ser veintitrés. Pero uno no es considerado intolerante porque no concuerde con *esta* respuesta y sostenga que la única respuesta correcta es cuatro.

> El mismo principio es válido en asuntos religiosos. Uno debe ser tolerante respecto a los puntos de vista de otros, y respetar su derecho a sostenerlos así como a oírlos. No puede, sin embargo, ser obligado en el nombre de la tolerancia a concordar que todos los puntos de vista, incluyendo aquellos que son contradictorios, son igualmente válidos. Tal posición no tiene sentido.

La Biblia presenta una perspectiva única de la realidad, tanto como una provisión característica de Dios para nuestra reconciliación mediante la muerte sustituta de Jesucristo. ¿Cómo podemos «hablar la verdad en amor» (véase Efesios 4.5) acerca de Dios y de su provisión en nuestro mundo pluralista? La próxima sección ofrece una serie de sugerencias al respecto.

Resumen: La distinción principal del cristianismo es que *Cristo* es el único camino a Dios.

4. Principios para proclamar la verdad

Primero, comprenda bien su propia fe. Usted debe poder articular su fe para sí mismo antes de poder explicarla plenamente a otros.

Segundo, reconozca la verdad en otras religiones. Probablemente las demás religiones tienen algo de verdad, y negar esto es negar la precisión factual y la honradez intelectual.

Tercero, considere sus motivos. Cuando proclamamos la verdad de Dios debemos tener cuidado de los siguientes motivos y comportamientos: (1) *cacería de cabezas*, concentrándonos en conseguir «una decisión» (tal vez, en parte, para glorificarnos nosotros mismos) y olvidarnos de que no somos sino un eslabón en la cadena de la transformación (véase 1 Corintios 3.5-7); (2) *manipulación*, usando tácticas de ventas de alta presión en lugar de simple y sencillamente hablar del mensaje del evangelio; y (3) *arrogancia*, olvidando la gracia de Dios que se extiende a nosotros, y que nosotros, también, somos pecadores.

Cuarto, fije metas limitadas para la discusión. Debemos esforzarnos por lograr una comunicación clara y comprensión. No podemos introducir al reino a alguien mediante discusiones; el Espíritu Santo debe producir la respuesta de fe. Sea positivo y concéntrese en demostrar el cristianismo antes que en probar los errores de otras religiones. Hablamos del mensaje de salvación en una actitud de oración y descansando en que el Espíritu Santo obrará en nosotros y en el oyente, dejando todos los resultados a Dios. Sólo Él puede salvar.

Resumen: Hay ciertos principios que deben guiarnos al *proclamar* la verdad.

Repaso

1. El cristianismo tiene *similaridades* con otras religiones que deben reconocerse.

2. El cristianismo tiene *diferencias* que lo hacen distinto de otras religiones.

3. La distinción principal del cristianismo es que *Cristo* es el único camino a Dios.

4. Hay ciertos principios que deben guiarnos al *proclamar* la verdad.

Autoevaluación

1. El cristianismo tiene _____ con otras religiones que deben reconocerse.

2. El cristianismo tiene _____ que lo hacen distinto de otras religiones.

3. La distinción principal del cristianismo es que _____ es el único camino a Dios.

4. Hay ciertos principios que deben guiarnos al _____ la verdad.

VEINTISIETE

DIFERENTES FORMAS LITERARIAS EN LA BIBLIA

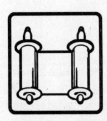 No se puede leer la historia y la poesía de la misma manera. La historia es concreta. La poesía es muy simbólica y figurada. Si en esta usted toma todo literalmente, destruirá el arte. Si en la historia usted toma todo figuradamente perderá la exactitud. Por ejemplo, los siguientes versos hacen una poesía aceptable:

Golondrina de granero... Golondrina de granero... Ummmmm,
  pues bien, qué seré.
¿Qué puede explicar esta avecita que veo,
Que revolotea por el aire como muy confundido piloto,
Lanzándose en picada y luego elevándose a las alturas?

¿Por qué se le dio el nombre que tiene?
¿Por qué no se le llamó, digamos, rebanadoras, no tragadoras?
¿Qué pueden tragar? ¿Una mosca o una polilla?
¡No pueden tragar ni siquiera un mantel chico?

El nombre no encaja; si mi suposición es cierta,
Esa ave no podría comerse un *galpón* por almuerzo.
Finalmente he concluido que debe ser cuento;
Un pájaro de ese tamaño no puede tragarse un granero.

Pero aun cuando estos pensamientos hacen aceptable la poesía, hacen terrible ornitología (¡el estudio científico de las aves!). Este poema es inexacto de principio a fin en sus presuposiciones y propósito.

De modo que, en la educación, la clase de literatura que estudie, y cómo la trata marca la diferencia. En la poesía usted busca arte, simbolismo, significados ocultos, etc. En la historia, biología, física, etc., busca precisión.

El mismo principio es cierto respecto a la Biblia. Cuando se trata de comprender un libro o pasaje bíblico en particular, el lector debe entender qué clase de literatura está leyendo. Esta caracterización de la literatura se llama su «forma literaria».

Comprenderla es vital para la interpretación apropiada. Las varias formas deben estudiarse e interpretarse en manera diferente. Anteriormente, en el capítulo 21, examinamos una de ellas de la parábola, la cual empleó Jesús. En este capítulo examinaremos otras cinco clases de escritos que aparecen en la Biblia, y analizaremos cómo se deben interpretar. Aun cuando Dios usó otras formas literarias para comunicar su mensaje, estas cinco (junto con las parábolas) son las más importantes.

1. La forma didáctica (exposición)

La literatura didáctica o expositiva enseña la verdad en una manera relativamente directa. El argumento o explicación casi siempre avanza de un punto a otro en una forma lógica, altamente organizada. Debido a que el autor emplea comparativamente pocas figuras del lenguaje, el significado de un pasaje didáctico es a menudo fácil de entender. Los desafíos más difíciles se presentan al aplicar con obediencia la verdad en nuestra propia vida.

Las Epístolas de Pablo son ejemplos claros de la forma didáctica. Por ejemplo, en Romanos Pablo ofrece una explicación y justificación fuertemente razonada del evangelio. Con frecuencia usa palabras transicionales y conjuntivas tales como *para, por lo tanto, y* y *pero*. Pablo emplea muchas preguntas retóricas para hacer progresar su argumento (por ejemplo, Romanos 2.17-21, 26; 3.1, 3, 5, 4.1, 3, 9).

En la literatura didáctica el significado yace cerca de la superficie. Por esta razón la mayoría de los libros didácticos son buenos puntos de inicio para las personas que están apenas empezando a estudiar la Biblia. No obstante, las verdades enseñadas en ella son lo suficientemente profundas como para merecer un análisis detallado incluso de parte de los más experimentados estudiantes de la Biblia. ¿Cuáles son algunos principios que nos ayudarán a comprender y aplicar este tipo de material bíblico?

La pauta más importante es estudiar el desarrollo lógico del argumento. Preste atención a la estructura y términos que se emplean. Esto es más difícil en algunos casos (tales como en Santiago y 1 de Juan) que en otros (tal como en 1 Corintios y Hebreos).

Un segundo principio es estudiar la situación más allá de las declaraciones. Esto le permitirá comprender mejor tanto el argumento del libro como la manera en que las enseñanzas del pasaje se aplican en nuestro contexto cultural presente. Por ejemplo, en esta cultura nos saludamos con un «apretón santo de manos» antes que con el beso santo que se describe cinco veces en el Nuevo Testamento. Como ejemplo adicional, uno debe comprender el principio que yace detrás del mandamiento de Pablo de no comer carne sacrificada a los ídolos (asunto que se trata en 1 Corintios 8.1-13 y 10.14-22) para poder aplicar correctamente la exhortación hoy.

Ejemplos bíblicos de literatura didáctica incluyen: Las cartas de Pablo, Hebreos, Santiago, 1 y 2 Pedro, 1, 2 y 3 Juan, y Judas.

Resumen: La literatura didáctica *enseña* la verdad de una manera relativamente directa.

REPASO:

La literatura didáctica _____ la verdad de una manera relativamente directa.

---

2. La forma narrativa

La literatura narrativa enfatiza las historias. Una de las razones de la perdurable popularidad de la Biblia es su abundancia de relatos conmovedores. Por ejemplo, el primer libro de la Biblia (Génesis) relata historias tales como la de Dios creando al mundo, el diluvio, la torre de Babel, cómo Dios empezó su plan para bendecir a todas las naciones por medio de la familia de Abraham, y cómo obró en las vidas de Abraham, Isaac, Jacob y José. Éxodo toma el relato de esta familia, que ahora se ha convertido en la nación judía, relatando cómo Moisés los condujo a salir de la cautividad en Egipto. El libro de Josué cuenta cómo Josué guió a la siguiente generación de israelitas a salir del desierto y entrar de nuevo en la tierra prometida. Los libros narrativos incluyen desde Génesis hasta Esdras, los cuatro Evangelios y Hechos.

¿Cómo debemos entender las secciones narrativas de la Biblia? ¿Cuáles verdades se proponen trasmitir los relatos? ¿De qué manera son estas verdades significativas hoy?

Empiece con una lectura cuidadosa del texto, enfocando el hilo de la narración y la trama. Determine cómo progresa la historia. ¿Es el movimiento del libro físico, espiritual, relacional o político? Mire al libro como un todo, luego analice los relatos individuales. ¿Qué ha cambiado hacia el final del libro, y por qué?

¿Quiénes son los personajes, y cómo se los presenta? Note cómo los personajes interaccionan unos con otros y con Dios. ¿Alcanzan el éxito, o fracasan, y por qué?

Estudie el efecto del escenario (geográfico, temporal o social) de la trama. Un conocimiento de las costumbres sociales prevalecientes ayudará grandemente a comprender muchos de los relatos bíblicos.

Note la manera en que el autor usa los artificios literarios tales como la repetición para enfatizar ciertos elementos de la narración. Advierta si las secciones narrativas expresan verdades teológicas vistas en relaciones vivas, y considere qué lección(es) ilustra. ¿Cómo podrían estas verdades expresarse en la vida de las personas de nuestro tiempo y cultura?

Resumen: La literatura narrativa cuenta una *historia*.

REPASO:

La literatura narrativa cuenta una _____ .

---

3. La forma poética

La poesía apela a nuestras emociones y a nuestra imaginación. La tremenda atracción del libro de los Salmos brota de la profundidad y variedad de las emociones que ellos presentan. Los libros de la Biblia, principalmente poéticos, son Job, Salmos, Proverbios, Eclesiastés y Cantar de los Cantares.

La poesía hebrea difiere en maneras importantes a la poesía en inglés [o en español]. Primero, la mayoría de los salmos fueron compuestos para ser cantados antes que leídos. De este modo, aun cuando no tenemos la música con la cual se cantaba, es más importante aún para la poesía en general que usted escuche cómo suena. Segundo, como lo explicamos en el capítulo 13, la poesía hebrea hace uso extenso del paralelismo.

¿Cuáles son algunos principios que le ayudarán a interpretar apropiadamente los pasajes poéticos de las Escrituras?

Primero, reconozca que cada salmo tiene un tema dominante, y que el modelo de estrofas puede asistirle a discernir el hilo del pensamiento. Por ejemplo, en el salmo penitencial, el 51, David implora perdón y limpieza (vv. 1-2), confiesa su culpa (vv. 3-6), suplica perdón y restauración (vv. 7-12), resuelve alabar a Dios (vv. 13-17), y ora por la prosperidad continua de Jerusalén (vv. 18-19). Las traducciones más modernas ayudan al lector insertando una línea en blanco entre las *estrofas.*

Segundo, agrupe los versos paralelos y trate de identificar qué tipo de paralelismo se usa (para ayudarse, vea la explicación sobre paralelismo en el capítulo 13).

Tercero, esté alerta del frecuente uso de lenguaje figurado (véase la explicación sobre figuras del lenguaje, en el capítulo 13). Por ejemplo, los poetas hebreos frecuentemente van al grano usando *hipérbole*, un artificio literario que emplea el lenguaje extremo o exagerado para hacer hincapié.

Cuarto, en lo posible, identifique el trasfondo histórico del salmo. Saber que David escribió el Salmo 51 después que se le confrontó respecto a su pecado con Betsabé, nos ayuda a comprender la profundidad de la agonía espiritual y el arrepentimiento de David. De la misma manera, su ferviente anhelo por Dios y su confianza en el Señor, a pesar de sus circunstancias, llegan a ser más impresionantes cuando nos damos cuenta de que el Salmo 63 fue escrito mientras huía de su hijo Absalón para salvar su vida. Sea que pueda reconocer el ambiente histórico, o no, trate de identificar el talante espiritual y sicológico del poeta en el momento de componer el salmo.

Quinto, estudie los salmos mesiánicos (2, 8, 16, 22, 40, 45, 69, 72, 89, 102, 109, 110 y 132) a la luz de su propósito histórico inmediato en los días del escritor (refiriéndose a la situación de David). Luego considere cuáles elementos, debido a lo que involucran, deben referirse al final al Mesías.

Aun cuando el prólogo (1.1–2.13) y el epílogo (42.7-17) de Job están en prosa, el resto del libro es poesía. Las siguientes son algunas sugerencias para ayudarle a obtener lo máximo de su estudio de Job: Examine las afirmaciones completas de cada uno de los principales personajes (Job, Elifaz, Bildad, Zofar y Eliú). Identifique las presuposiciones básicas de cada persona, y evalúe sus argumentos. Estudie las declaraciones de Dios y cómo se reflejan ellas en cada uno de los personajes. Identifique las preguntas básicas que el libro plantea y las respuestas que se ofrecen para ellas.

El contexto es crucial para interpretar Eclesiastés. Virtualmente el libro entero es un discurso sobre la falta de significado y futilidad de la vida (véase 1.2 y 12.8). Aun cuando hay declaraciones más positivas, a

veces el autor parece negar la validez de una vida piadosa (véase 2.15;
3.19; 5.16; 8.14). La clave para la interpretación es el «comentario
teológico» que se halla en el epílogo del libro (12.9-14). Eclesiastés
12.14 resume: «El fin de todo el discurso oído es este: Teme a Dios, y
guarda sus mandamientos; porque esto es el todo del hombre». Este
versículo indica que el libro entero fue escrito para demostrar la
insensatez de la vida aparte de Dios y la sabiduría de vivir en reverencia
a Dios. Los versículos que parecen ser negativos deben ser comprendi-
dos e interpretados a la luz de este contexto mayor.

Resumen: La literatura poética presenta poesía, y debe *interpretarse* a la luz de principios clave.

REPASO:

La literatura poética presenta poesía, y debe _____
a la luz de principios clave.

---

4. El proverbio

Esta forma literaria distintiva afirma concisamente una verdad
moral, frecuentemente reduciendo la vida a categorías de blanco y
negro. Como lo hace la poesía, los proverbios usan con frecuencia el
paralelismo para presentar su punto. Las metáforas y símiles son dos
recursos literarios empleados con frecuencia. Aun cuando hay proverbios individuales que aparecen en otros libros de la Biblia, el libro
conocido como Proverbios es el único lugar en donde los proverbios
son la principal forma literaria.

La clave para la interpretación de los proverbios es darse cuenta
de que son una pauta general que ofrece un consejo sabio, antes que
presentar una regla estricta e invariable por la cual Dios obra. Por
ejemplo, Proverbios 16.3 declara: «Encomienda a Jehová tus obras, y
tus pensamientos serán afirmados» A primera vista esto pudiera dar la
impresión de ser un «cheque en blanco». Sin embargo, como Fee y
Stuart lo afirman en *How to Read the Bible for All It's Worth* [Cómo
leer la Biblia por todo lo que vale]: «Un matrimonio precipitado, una
decisión imprudente en los negocios, una decisión vocacional considerada al descuido, todo, puede ser dedicado a Dios pero a la larga resultará
en miseria» (p. 198). Muchos proverbios emplean la hipérbole. En
adición, el «éxito» debe entenderse a la luz de la voluntad de Dios, la
cual a menudo contradice los valores del mundo. Cualquier proverbio

es una afirmación general que debe entenderse de acuerdo con la totalidad de las enseñanzas bíblicas sobre el tema.

Segundo, considere si el contexto es importante. Este es el caso en Proverbios 1–9 y 30–31, puesto que cada una de estas secciones tiene un estilo de un discurso prolongado. El resto del libro es principalmente una serie recolectada de proverbios en donde el contexto es menos importante. Para Proverbios 10–29 usted debe primero examinar cada uno de ellos en base a su paralelismo, luego concatenarlos de acuerdo al tema e interpretar los similares juntos.

Tercero, extraiga los principios eternos incorporados en los proverbios de su contexto cultural antiguo, y aplíquelos a las situaciones presentes. Por ejemplo, Proverbios 11.1 («El peso falso es abominación a Jehová; mas la pesa cabal le agrada») se refiere a la antigua práctica de usar balanzas para pesar las mercaderías a fin de determinar su valor. De este modo, la significación para el día presente de este proverbio es llamarnos a honradez en las prácticas mercantiles; por ejemplo, no engordar una cuenta de gastos.

Resumen: La literatura de proverbios afirma concisamente una verdad moral en forma de *refrán.*

REPASO:

La literatura de proverbios afirma concisamente una verdad moral en forma de _____ .

---

5. Las formas profética y apocalíptica

Mucho de la Biblia es profético. Aun cuando a menudo pensamos en la profecía como una predicción del futuro, esto es sólo parte de su concepto bíblico. La profecía no es simplemente la *predicción* del futuro; es también la *proclamación* del mensaje de Dios (sea estímulo, admonición o advertencia) al pueblo. Algunas veces Dios hacía que el profeta diera una predicción de lo que ocurriría en el futuro cercano para que la ocurrencia de tal suceso validara el resto del mensaje del profeta.

Los libros del Antiguo Testamento desde Isaías a Malaquías son proféticos. El libro de Apocalipsis, en el Nuevo Testamento, es el principal ejemplo de una categoría especial de literatura profética conocida como *apocalíptica.* La literatura apocalíptica se concentra en sucesos cataclísmicos que tienen que ver con el fin del mundo y el triunfo final de Dios sobre el mal. La literatura apocalíptica hace uso especialmente del simbolismo y las imágenes metafóricas. Grandes secciones de material apocalíptico aparecen en los libros de Daniel, Zacarías y Apocalipsis; otros libros tienen porciones pequeñas.

La interpretación de la literatura apocalíptica puede ser un desafío en particular. ¿Cuáles son algunos principios que le ayudarán a comprender la profecía bíblica?

Primero, como con cualquier forma literaria de la Biblia, estudie el pasaje en términos de su historia, contexto y significado literal. Estudie las circunstancias históricas, tanto del profeta como del pueblo involucrado en la profecía en particular. Considere cuidadosamente el contexto inmediato (o sea, lo que precede y sigue luego del pasaje) y el más amplio (tales como los pasajes paralelos). Por ejemplo, la comprensión de Apocalipsis se amplía grandemente con un entendimiento del libro de Daniel. Tome las palabras en su sentido normal, a menos que sea evidente que se está usando una figura del lenguaje o un símbolo.

Segundo, identifique a quién o a qué se refiere el pasaje. ¿Es el pasaje didáctico (proclamando) o de predicción (prediciendo)? Si es didáctico, note cómo respondió la gente. Si es predicción, considere dos preguntas adicionales: ¿Fue la profecía *condicional* o *incondicional*? Por ejemplo, en Jeremías 18.5-10 Dios declara que hará a un lado (1) el juicio prometido cuando la nación se arrepienta y se convierta de sus malos caminos, y (2) la bendición prometida cuando la nación se vuelva al mal. Es en esta luz que debemos comprender que Dios haya perdonado a Nínive después de que la predicación de Jonás los llevó al arrepentimiento (véase Jonás 3.10). La segunda pregunta es esta: ¿Se *ha cumplido* la profecía, o todavía *no se ha cumplido*? En el primer caso, estudie los escritos que relatan su cumplimiento. Si la profecía todavía no se ha cumplido, estúdiela con cuidado y humildad. La profecía sin cumplirse es a menudo enigmática debido a su uso del simbolismo.

Tercero, distinga entre las *predicciones directas* y los *tipos*. La predicción directa se refiere a una profecía que tiene sólo un cumplimiento. Por ejemplo, Miqueas 5.2 afirma que el Mesías nacería en Belén. El cumplimiento en Cristo de esta profecía se ve en Mateo 2.5-6. Un tipo es «una relación representativa ordenada de antemano que ciertas personas, sucesos e instituciones, llevan para personas, sucesos e instituciones que ocurren en un tiempo posterior en la historia de la salvación» (Henry Virkler, *Hermeneutics* [Hermenéutica], p. 184). Por ejemplo, Jesús se refirió a los sucesos en Números 21.4-9 cuando afirmó: «Y como Moisés levantó la serpiente en el desierto, así es necesario que el Hijo del Hombre sea levantado, para que todo aquel que en Él cree, no se pierda, mas tenga vida eterna» (Juan 3.14-15). Jesús identificó dos semejanzas correspondientes: (2) el levantamiento del siervo y de sí mismo, y (2) vida para los que miraran al objeto levantado (es decir, a aquel que respondía en fe a la provisión de Dios).

Finalmente, tenga cuidado de recordar que el principal propósito de la profecía no es inspirar debate o dogmatismo respecto al futuro, sino estimular la fe en Dios y a una vida santa en el presente. Esto es más obviamente cierto en los pasajes didácticos y de proclamación, en donde el profeta anima, exhorta, advierte, etc. Sin embargo, incluso en los pasajes de predicción la intención principal de Dios no es satisfacer nuestra curiosidad acerca del futuro sino cambiar nuestras vidas.

Por ejemplo, Pablo introduce su discusión del rapto (1 Tesalonicenses 4.13-18) diciendo que no quiere que los creyentes tesalonicenses ignoren o se lamenten como los que no tienen esperanza. En contraste a los falsos maestros que evidentemente estaban enseñando que sus seres queridos que hubieran muerto antes del regreso de Cristo no serían levantados a una nueva vida, Pablo proclamó que «los muertos en Cristo resucitarán primero» (v. 16), y que todos los creyentes «estaremos siempre con el Señor. Por tanto, alentaos los unos a los otros con estas palabras» (vv. 17-18).

Un segundo ejemplo se halla en 2 Pedro 3, en donde el apóstol habla de un futuro «día del juicio y de la perdición de los hombres impíos» (v. 7). Como resultado adicional del juicio de Dios el cielo y la tierra actuales serán destruidos y reemplazados por un cielo nuevo y una nueva tierra. Pedro exhorta: «Puesto que todas estas cosas han de ser deshechas, ¡cómo no debéis vosotros andar en santa y piadosa manera de vivir, esperando y apresurándoos para la venida del día de Dios!» (vv. 11-12). Y luego: «Por lo cual, oh amados, estando en espera de estas cosas, procurad con diligencia ser hallados por él sin mancha e irreprensibles, en paz» (v. 14).

Recuerde que la «bendita esperanza» del creyente es el regreso de Cristo inminente y personal, para recibir a los suyos, independientemente de cuándo ocurra ese acontecimiento. El deseo de Dios es que la promesa del regreso de Cristo tenga un efecto motivador y purificador en la vida personal y en el servicio de los cristianos (compárese Tito 2.11-14), no que su tiempo sea causa de división.

Así, al estudiar la profecía bíblica (o cualquier otro tipo de literatura bíblica), siempre pregúntese: «¿Cómo intenta Dios que esta verdad cambie mi vida?»

Resumen: La literatura profética proclama la Palabra de Dios y algunas veces predice el *futuro,* a menudo en lenguaje altamente figurado y simbólico.

REPASO:

La literatura profética proclama la Palabra de Dios y algunas veces predice el _____ , a menudo en lenguaje altamente figurado y simbólico.

Repaso

1. La literatura didáctica *enseña* la verdad de una manera relativamente directa.

2. La literatura narrativa cuenta una *historia.*

3. La literatura poética presenta poesía, y debe *interpretarse* a la luz de principios clave.

4. La literatura de proverbios afirma concisamente una verdad moral en forma de *refrán.*

5. La literatura profética proclama la Palabra de Dios y algunas veces predice el *futuro,* a menudo en lenguaje altamente figurado y simbólico.

Autoevaluación

1. La literatura didáctica _____ la verdad de una manera relativamente directa.

2. La literatura narrativa cuenta una _____ .

3. La literatura poética presenta poesía, y debe _____ a la luz de principios clave.

4. La literatura de proverbios afirma concisamente una verdad moral en forma de _____ .

5. La literatura profética proclama la Palabra de Dios y algunas veces predice el _____ , a menudo en lenguaje altamente figurado y simbólico.

VEINTIOCHO

CÓMO RELACIONARSE
APROPIADAMENTE CON DIOS

 En la antigua Persia si usted se presentaba ante el rey sin haber sido llamado, le costaba su vida. Siempre ha sido difícil y peligroso cruzar el abismo entre el monarca y el mortal. Si es así con los reyes, ¿cuánto más lo será con Dios? ¿Cómo, entonces, se acerca uno a Dios? ¿En base a qué podemos ser aceptados en su presencia y establecer una relación con Él? ¿Cómo podemos relacionarnos apropiadamente con Él?

Dios, en cierto sentido, es un monarca, y hay ciertas reglas que se aplican a nuestra capacidad de acercarnos a Él. Sin embargo, a diferencia de la mayoría de los monarcas, Dios anhela fervientemente nuestra comunión. Nos estimula que vengamos a Él. Billy Graham, en su libro *Nacer a una nueva vida* (Editorial Caribe, 1978, pp. 120–121,123), relata una interesante historia, que capta muy bien este hecho.

Imagínese una corte judicial. Dios el Juez está sentado en el tribunal, vestido con su toga esplendorosa. Usted ha sido traído para que comparezca ante Él. Él le mira en términos de su propia naturaleza justa conforme se expresa en la ley moral y le dice:

Dios: Juan (o María), ¿me has amado con todo tu corazón?

Juan/María: No, usía.

Dios: ¿Has amado a otros como a ti mismo?

Juan/María: No, usía.

Dios: ¿Crees que eres pecador y que Jesucristo ha muerto por tus pecados?

Juan/María: Sí, usía.

246   30 Días para entender la Biblia

Dios: Entonces tu culpa ha sido pagada por Jesucristo en la cruz,
y estás perdonado... Porque a que Cristo es justo, y tú has
creído en Cristo, te declaro legalmente justo...

¿Puede usted imaginarse lo que un periodista haría con este acontecimiento?

PECADOR PERDONADO—
IRÁ A VIVIR CON EL JUEZ

Tensa era la escena al hallarse Juan y María ante el Juez, y las
acusaciones les fueron leídas. Sin embargo, el Juez transfirió
toda la culpa a Jesucristo, que murió en una cruz en el lugar de
Juan y María.

Una vez que Juan y María fueron perdonados el Juez los invitó
a que fuesen a vivir con Él para siempre.

El periodista que relatara semejante historia jamás podría comprender
la ironía de dicha escena, a menos que le hubiesen presentado al Juez
de antemano y conociese su caracter.

El perdón y la justicia de Cristo vienen a nosotros sólo cuando confiamos totalmente en Jesús como nuestro Señor y Salvador. Cuando hacemos esto, Dios nos da la bienvenida a lo más íntimo de su favor. Una vez
vestidos de la justicia de Cristo podemos gozar la comunión con Dios.

La fe es la clave para una relación con Dios. Si creemos en Él, Él
nos adopta como sus hijos espirituales (Efesios 1.5), y la relación que
pudiéramos imaginar entre un padre terrenal modelo y sus hijos es un
reflejo de la relación espiritual que tenemos con Dios.

El programa de Dios

La estrategia de Dios para desarrollar su relación con el hombre ha
sido coherente a través de las edades. Los cuatro principios principales
del programa de Dios son:

1. Revelación de Dios
2. Requisito de fe
3. Recompensa de bendición
4. Redención de otros

1. Revelación de Dios: Dios revela la verdad al hombre

En los primeros días Él hizo esto sin interferencias, por medio de un contacto directo, sueños y visiones, ángeles, etc. Ahora su medio principal de revelación es la Biblia.

2. Requisito de fe: Dios le pide al hombre que crea y obedezca la revelación, viviendo por fe.

Muchas de las cosas que Dios le pide al hombre en la revelación llevan a este en dirección opuesta a sus inclinaciones naturales. Por consiguiente, responderá únicamente ¡si cree a Dios! Tal es la naturaleza de la fe. ¡Usted cree en algo que no puede ver! ¡Actúa en base a algo que no es natural! Usted subordina sus propios instintos a algo que cree que tiene una mayor sabiduría.

3. Recompensa de bendición: Dios bendice «la vida por fe»

Al vivir el hombre por fe, confiando en Dios y obedeciéndole lo mejor que pueda, Dios lo bendice y le da una calidad de vida que hace su fe profundamente satisfactoria.

4. Redención de otros: Otros son atraídos a la fe en Dios

Finalmente, cuando otros miran al «hijo de Dios» y ven la bendición que le viene por medio de su relación con Él, se crea en algunas vidas una sed de querer conocerlo también.

La manera en que obraron estos principios fue muy diferente en el Antiguo Testamento a como obraron en el Nuevo Testamento. Vamos ahora a mirar a cada uno de estos principios (revelación, fe, bendición y redención), y ver cómo obraron en el Antiguo y Nuevo Testamentos.

El Antiguo Testamento: El fruto de la vid

1. Revelación de Dios: Dios revela la verdad al hombre

En el Antiguo Testamento Dios se reveló al pueblo de muchas maneras. En los primeros días fue enteramente mediante medios milagrosos, puesto que nada de la Biblia se había escrito. Posteriormente, conforme el Antiguo Testamento era escrito, tuvieron el beneficio de esas Escrituras.

Esta revelación pedía que las personas en el Antiguo Testamento actuaran de maneras que se apartaban de la conducta normal. Por ejemplo, no debían acumular para sí mismos caballos como recursos militares. Dios pelearía por ellos y les protegería de todos los enemigos en tanto y en cuanto Israel permaneciera justo.

Debían abstenerse de trabajar o comerciar en el séptimo día. Cada séptimo año debían dejar la tierra sin cultivar. Dios prometió bendecir sus negocios y empresas agrícolas al extremo que tuvieran lo suficiente.

Debían dar casi el treinta por ciento de sus ingresos como diezmos y ofrendas para impuestos nacionales y para el funcionamiento del sistema sacrificial y sacerdotal. Dios prometió prosperarles económicamente si obedecían estos mandamientos al punto de que, no solamente no habría pobres, sino que serían fabulosamente ricos.

2. Requisito de fe: Dios le pide al hombre que crea y obedezca la revelación, viviendo por fe.

Si cree que un Dios invisible le protegerá de sus enemigos, usted estará dispuesto a dejar a un lado el desarrollo de pertrechos de guerra como caballería y carros. Si no confía en que Dios lo protegerá, usted desobedecerá y criará todos los caballos que pueda para protegerse.

Si cree que un Dios invisible prosperará sus cosechas al punto en que realmente podría dejar de sembrar un año de cada siete y pasarlo completo alabando al Señor, usted obedecerá y dejará de plantar el séptimo año. Si no confía en que Dios le prosperará, usted desobedecerá y cultivará todas las cosechas que puede para suplir sus necesidades.

Si cree que Dios le prosperará financieramente, al punto de poder dar el treinta por ciento de su dinero para propósitos nacionales y religiosos, usted obedecerá y dará el diezmo de todos sus ingresos. Si no confía en que Dios le prosperará, usted desobedecerá y guardará su dinero.

Estos son apenas tres ejemplos de cómo la revelación de Dios llevó al hombre en dirección diferente a sus inclinaciones naturales, las cuales son protegerse a sí mismo, proveer para sí mismo, y acumular para sí mismo. La fe, en lugar de eso, requiere que creamos a Dios y hagamos las cosas a su manera.

3. Recompensa de bendición: Dios bendice «la vida por fe»

Si los israelitas confiaban en que Él supliría sus necesidades y obedecían sus mandamientos, Dios les prometió darles, no solamente subsistencia, sino abundancia en exceso, en todo aspecto de la vida nacional.

Acontecerá que si oyeres atentamente la voz de Jehová tu Dios, para guardar y poner por obra todos sus mandamientos que yo te prescribo hoy, también Jehová tu Dios te exaltará sobre todas las naciones de la tierra.

Y vendrán sobre ti todas estas bendiciones y te alcanzarán, si oyeres la voz de Jehová tu Dios.

Bendito serás tú en la ciudad, y bendito tú en el campo.

Bendito el fruto de tu vientre, el fruto de tu tierra, el fruto de tus bestias, la cría de tus vacas y los rebaños de tus ovejas.

Benditas serán tu canasta y tu artesa de amasar.

Bendito serás en tu entrar, y bendito en tu salir.

Jehová derrotará a tus enemigos que se levantaren contra ti; por un camino saldrán contra ti, y por siete caminos huirán de delante de ti. Jehová te enviará su bendición sobre tus graneros, y sobre todo aquello en que pusieres tu mano; y te bendecirá en la tierra que Jehová tu Dios te da.

Te confirmará Jehová por pueblo santo suyo, como te lo ha jurado, cuando guardares los mandamientos de Jehová tu Dios, y anduvieres en sus caminos.

Y verán todos los pueblos de la tierra que el nombre de Jehová es invocado sobre ti, y te temerán. (Deuteronomio 28.1-10)

Dios puso su palabra en juego en términos inequívocos. Maravillosas bendiciones les pertenecerían si obedecían en fe a sus mandamientos.

4. Redención de otros: Otros son atraídos a la fe en Dios

Dios no escogió a la nación de Israel excluyendo a todos los demás pueblos del mundo. Escogió a Israel para alcanzar a todos los demás pueblos. La idea de Dios era bendecir tanto a Israel que las demás naciones vieran las «huellas digitales» de Dios en su vida nacional, y desearan conocer a su Dios debido a la calidad de vida que Él les había dado.

Esto se afirma en el Salmo 67 sucintamente, como en ninguna otra parte de la Biblia:

> Dios tenga misericordia de nosotros, y nos bendiga;
> Haga resplandecer su rostro sobre nosotros;
> Para que sea conocido en la tierra tu camino,
> En todas las naciones tu salvación.
> Te alaben los pueblos, oh Dios;
> Todos los pueblos te alaben.
> Alégrense y gócense las naciones,
> Porque juzgarás los pueblos con equidad,
> Y pastorearás las naciones en la tierra.
> Te alaben los pueblos, oh Dios;
> Todos los pueblos te alaben.
> La tierra dará su fruto;
> Nos bendecirá Dios, el Dios nuestro.
> Bendíganos Dios,
> Y témanlo todos los términos de la tierra. (Salmo 67.1-7).

Allí está en blanco y negro: Dios bendice a Israel, para que todos los términos de la tierra puedan temerle. *Temor* aquí no significa «espanto o terror»; más bien significa respeto o reverencia.

Pero las bendiciones de Dios siempre están ligadas a la obediencia a sus mandamientos, lo cual es evidencia de fe. Israel nunca logró éxito en cuanto a vivir justamente por mucho tiempo. El período más largo de justicia sostenida para la nación es una superposición entre el reinado de David y la primera parte del reinado de Salomón. Quizás hubo unos sesenta años de vida nacional justa. Como resultado, fue un período de la más grande bendición sobre ellos como nación. Fue estupendo, y sus efectos en los países circunvecinos fue notable.

Leemos en 1 Reyes 10 que la palabra del esplendor de Israel se esparcía. Incluso la reina de Saba oyó de la gloria de Jerusalén y de la sabiduría de Salomón. Tan fascinada quedó por los informes de la grandeza de Israel, que vino para echar un vistazo de cerca. Salomón le mostró su palacio, la ciudad de Jerusalén, y el templo, uno de los edificios más gloriosos jamás construido.

Después de que la reina hubo visto todo, la Biblia dice en 1 Reyes 10.5 que «se quedó asombrada». ¡Se quedó sin aliento! Entonces empezó a balbucir: «Verdad es lo que oí en mi tierra de tus cosas y de tu sabiduría; pero yo no lo creía, hasta que he venido, y mis ojos han visto que ni aun se me dijo la mitad; es mayor tu sabiduría y bien, que la fama que yo había oído» (vv. 6-7). Entonces prorrumpió en una alabanza espontánea a Dios: «Jehová tu Dios sea bendito» (v. 9).

Así era como debía ser. Los pueblos del mundo ven el esplendor de Israel, y su atención es atraída a Dios.

El Nuevo Testamento: El fruto del Espíritu

Los tratos de Dios con la nación de Israel fueron en gran parte físicos, y estaban destinados a ilustrar, o dar la idea, de las verdades espirituales que serían presentadas en el Nuevo Testamento. El sistema sacrificial del Antiguo Testamento tenía el propósito de ilustrar, en términos literales, la obra espiritual que sería hecha por Cristo en la cruz, en el Nuevo Testamento. La belleza del templo tenía el propósito de ilustrar la gloria de Dios. La bendición física de protección y alimento tenía el designio de ilustrar la protección y alimento espiritual que es nuestro en Cristo.

En tanto que la estrategia de Dios para desarrollar su relación con el hombre es la misma en el Nuevo Testamento como lo fue en el Antiguo, los principios son puestos en práctica en forma diferente. Las bendiciones en el Antiguo Testamento fueron conspicuamente materiales y físicas: el fruto de la vid. Las bendiciones en el Nuevo Testamento son conspicuamente espirituales: el fruto del Espíritu.

1. Revelación de Dios: Dios revela la verdad al hombre

La revelación de Dios en el Nuevo Testamento es muy diferente a la del Antiguo Testamento. Cristo dijo que vino a cumplir la ley. Ahora que Él ha venido y ha muerto por nuestros pecados, y ha resucitado de los muertos, ya no hay ninguna necesidad del sistema sacrificial. No hay ya necesidad de observar la Ley Mosaica. Ya no tenemos que preocuparnos por no sembrar durante el séptimo año, y así por el estilo, debido a que en tanto que Israel era un reino físico diseñado para ilustrar el reino espiritual venidero, este ya está aquí. Si el reino de Jesús fuera de este mundo, tendríamos que preocuparnos por aquellas cosas. Pero como no lo es, entonces no tenemos por qué hacerlo.

No obstante, la naturaleza de la revelación sigue siendo la misma. Nos pide funcionar en una manera contraria a nuestras inclinaciones naturales. Si queremos guardar nuestra vida, debemos perderla; si queremos ser grandes, debemos convertirnos en siervos. Para ser fuertes, debemos ser gentiles. Es mejor dar que recibir. Buscar el reino de Dios primero, y todas nuestras necesidades materiales serán satisfechas. La realidad en el Nuevo Testamento es lo que *no* se ha visto, en tanto que lo que se ve es falsificado. Debemos vivir para el mundo venidero, en lugar de para este.

2. Requisito de fe: Dios le pide al hombre que crea y obedezca la revelación, viviendo por fe.

Todo esto, está en contra de nuestras inclinaciones naturales, no es natural; así como los mandamientos del Antiguo Testamento no eran naturales. Y en el Nuevo Testamento se requiere tanta fe como en el Antiguo. Todo se reduce a lo mismo: Si creemos a Dios, obedecemos sus mandamientos. Si no creemos, no obedecemos. Lo opuesto a la obediencia no es desobediencia. Es incredulidad. Nuestra desobediencia está ligada a la falta de fe.

3. Recompensa de bendición: Dios bendice «la vida por fe»

En el Antiguo Testamento Dios bendecía a los israelitas con abundancia material. En el Nuevo Testamento las bendiciones materiales ya no operan necesariamente. Dios bendice al cristiano con abundancia espiritual. Si vivimos en fe, confiando y obedeciendo a Dios, Él nos da, más que el fruto de la vid, el fruto del Espíritu: amor, gozo, paz, paciencia, benignidad, bondad, fe, mansedumbre, templanza (Gálatas 5.22-23). Si usted le pregunta a alguien qué es lo que más quiere en la vida, le dirá: «Quiero simplemente ser feliz». La bendición que se promete al hijo fiel de Dios en el Nuevo Testamento es mayor que eso. Es una paz interna, genuino amor y profundo gozo.

4. Redención de otros: Otros son atraídos a la fe en Dios

En el Antiguo Testamento Dios prometió elevar a Israel a un nivel más alto que las otras naciones del mundo, concediéndoles abundancia material. En el Nuevo Testamento prometió elevar a los cristianos individuales a un nivel más alto que el mundo, por concederles abundancia espiritual. «Así alumbre vuestra luz delante de los hombres, para que vean vuestras buenas obras, y glorifiquen a vuestro Padre que está en los cielos» (Mateo 5.16). «Haced todo sin murmuraciones y contiendas, para que seáis irreprensibles y sencillos, hijos de Dios sin mancha y en medio de una generación maligna y perversa, en medio de la cual resplandecéis como luminares en el mundo» (Filipenses 2.14-15). Es nuestra abundancia espiritual interna, no la abundancia material externa, lo que revela a Dios al mundo.

Cuando vivimos como debemos, eso llama la atención al Señor y anima a otros a convertirse en cristianos. «Un mandamiento nuevo os doy; que os améis unos a otros; como yo os he amado, que también os améis unos a otros. En esto conocerán todos que sois mis discípulos, si tuviereis amor los unos con los otros» (Juan 13.34-35). Y, en la medida en que Cristo es ilustrado y proclamado con precisión al mundo, la gente será atraída a Él para convertirse en cristianos.

Consecuencias

Vemos, entonces, que para relacionarnos apropiadamente a Dios, la cuestión central es la fe. La fe es crítica, porque es la *única* manera de establecer una relación con Dios (Efesios 2.8-9), y vivir por fe es la única manera de recibir las bendiciones de esa relación.

Por fe llegamos a ser sus hijos espirituales (Juan 1.12) y por fe, conforme leemos su revelación y la creemos, respondemos consecuentemente. Al hacerlo, somos elegibles para su bendición espiritual, la cual tiene tres consecuencias principales:

1. Dios es glorificado

Al responder por fe, confiando y obedeciendo a Dios, procurando vivir de acuerdo a las Escrituras, nuestras vidas gradualmente empiezan a tomar el carácter de Dios mismo. Cuando esto ocurre, el mundo empieza a captar un cuadro preciso de quién es Dios realmente, porque empiezan a verlo en nosotros. El valor y el mérito de Dios empieza a ser conocido públicamente, y de esta manera Dios es glorificado.

2. El hombre queda satisfecho

Además, nosotros que vivimos por fe, sus hijos espirituales, experimentamos el placer de la vida que Dios nos concede. Paz, amor y gozo llegan a ser nuestros en medida creciente, y quedamos satisfechos.

3. Otros son evangelizados

Otros ven la calidad de vida disponible para los hijos de Dios. Algunos serán atraídos a la fe en Dios. Debido a lo que ven de Él en la vida de quienes están viviendo por fe, otros son evangelizados.

Resumen: El programa de Dios y sus consecuencias

Dios quiere tener una relación personal con nosotros. Nuestra relación con Él se establece por fe.

Revelación de Dios

Dios nos ha dado a conocer su revelación en su Palabra, la Biblia.

Requisito de fe

La Biblia nos pide que hagamos algunas cosas que por naturaleza no estaríamos inclinados a hacer. Si confiamos en Dios y creemos en Él, viviremos por fe y las obedeceremos. Si no creemos, no obedeceremos.

Recompensa de bendición

Si creemos a Dios y vivimos por fe, procurando de todo corazón obedecer la Biblia, Él nos bendice con abundancia espiritual (paz, amor y gozo), y empezamos a tomar el carácter de Dios en nuestras vidas.

Redención de otros

Viendo en nuestras vidas las bendiciones espirituales del carácter de Dios, otros son atraídos a Él para entablar una relación.

Cuando el hombre responde en fe a la revelación de Dios, las consecuencias de las bendiciones recompensadas continúan en pleno círculo, conforme otros son atraídos a Él para redención y para establecer una relación: Dios es glorificado, el hombre queda satisfecho, y otros son evangelizados.

Repaso

(Llene los espacios en blanco, respecto a los cuatro principios principales del programa de Dios.)

1. **R**_____ de Dios.

2. **R**_____ de fe.

3. **R**_____ de bendición.

4. **R**_____ de otros.

VEINTINUEVE

CÓMO RELACIONARSE APROPIADAMENTE CON UNO MISMO

Una vez fui a una demostración profesional de perros, al observar la relación entre el hombre y el animal, hice algunas comparaciones con la relación entre Dios y el hombre, y sobre el significado y propósito de la vida.

Las pruebas de obediencia que se realizaron en un prado cercado y con césped meticulosamente podado fueron particularmente interesantes. Se demostraron varias de ellas.

1. Uno por vez, los perros tenían que echar a andar, detenerse, cambiar de dirección, sentarse, quedarse quietos, y regresar a sus dueños, siguiendo un curso prescrito que les llevaba por todo el prado, sin ninguna orden verbal... sólo señales con la mano.

2. Los perros tenían que seleccionar, de un montón de «pesas de gimnasia» la pesa de madera que su dueño había colocado. Todas eran idénticas, excepto por su número de identificación.

3. Al ordenárseles, los perros tenían que saltar una valla de madera, alta y sólida, y saltar de regreso a su sitio; de nuevo, sólo con señales de mano.

4. Los perros tenían que acostarse en el centro del prado, a la orden de «quieto», y debían permanecer allí por unos minutos mientras sus dueños los ignoraban totalmente, los cuales estaban fuera de su vista detrás de una lona.

Dos perros se destacaron en particular. Uno era un pastor alemán enorme y blanco. Era un perro vivaracho, retozón, con su lengua colgando, y juguetón, pero no completamente entrenado. Mientras cumplía una de las primeras órdenes de «siéntate y quieto», espiaba un conejo cola de algodón saltando con gusto por la orilla del prado. El enorme y musculoso parangón de virtud canina empezó a temblar como una estatua de gelatina, con sus ojos clavados y absortos en su sabroso tesoro.

Como si deliberadamente estuviera seduciéndolo, el conejo empezó a hacer cabriolas juguetonamente alrededor de una mata de mezquite, retozando extasiado bajo la encendida mirada escrutadora del can.

Un estupendo salto final fue más de lo que el blanco barril de dinamita pudo resistir y, como bala disparada por un cañón, explotó en dirección del conejo. Ambos desaparecieron como por encanto entre los matorrales, y no se los volvió a ver. Aun cuando divertido para contemplar, el perro fue un fracaso, un bochorno para su dueño. Sin adiestramiento, todavía no había alcanzado la maravillosa armonía y comunicación que existe entre un entrenador hábil y un perro bien entrenado.

En contraste con el pastor alemán blanco había un glorioso perdiguero dorado sedoso. La excelencia del perdiguero fue tan grande como el fracaso del pastor alemán. La obediencia a cada orden fue instantánea y perfecta. Antes, durante, y después de cada orden, los ojos del perdiguero, en lugar de andar dando vueltas por el horizonte en busca de señales de vida, se quedaban fijos devotamente... no, con adoración, en la joven que era su dueña y entrenadora. Después de cada ejercicio el perro regresaba a su lado y, con la lengua colgándole, jadeando, se quedaba mirándola fijamente en espera de la siguiente orden.

Después que los perros hubieron concluido los ejercicios, todos los entrenadores y los canes se alinearon para la premiación. El cuarto lugar le tocó a un sabueso, el tercero a un pastor alemán, el segundo a un labrador. Durante todo este tiempo el perdiguero estaba sentado obedientemente al lado de su dueña, con su vista clavada en ella.

Finalmente, el primer premio fue otorgado a este maravilloso perro y a la muchacha que lo entrenó. Una ronda de diplomático aplauso se dejó oír de parte del público. Entonces la muchedumbre y los competidores empezaron a dispersarse. Mientras lo hacían, ocurrió algo maravilloso. La muchacha giró para ver a su perro, gritó emocionada, y empezó a aplaudir con entusiasmo. A esto, el perro se estiró hacia la muchacha tratando de lamerle la boca. Ella se rió, y le empujó para esquivarlo. El perro volvió a la carga. Ella empezó a correr hacia su automóvil, riéndose, aplaudiendo con gozo incontenible mientras su perro ladraba y saltaba y daba vueltas alrededor de ella todo el camino, participando completamente de su alegría.

Un escalofrío me recorrió por la espalda al contemplar en innegable admiración el gozo, la intimidad, la confianza, la devoción y la adoración que fluía entre el perro y la joven.

La inteligencia, la habilidad atlética, el valor y la personalidad latente en este perro se desarrollaron a un nivel más alto y se exhibieron más eficazmente que en ningún otro perro que haya visto. Pensé: «Este es el punto más alto que jamás he visto a donde puede elevarse la vida canina». Era una maravilla, un tributo a sí mismo y a su dueña. Pero todo el mundo sabía que la habilidad, la inteligencia, la perspicacia, la paciencia y la personalidad de la dueña también estaban en juego. Un entrenador de menor talento no hubiera podido haber logrado lo mismo. ¡Gloria para el perro! ¡Gloria para su dueña!

Si ese perro hubiera sido dejado a su propio mundo, hubiera sido nada más que otro perro, un esclavo ignorante de sus instintos básicos para comer y ladrar.

Hubo, de seguro, ocasiones en el proceso de entrenamiento, cuando el perro no estuvo contento. Quizás en ocasiones quiso darse por vencido, salir huyendo. Hubo veces cuando la dueña se preguntaba si el perro lograría aprender. Antes de que el proceso de entrenamiento quedara completo el perro hubiera sido fácilmente descartado. Pero después del proceso de entrenamiento el perro estuvo mucho más contento y más satisfecho al lado de su dueña que en cualquier otro lugar del mundo. Recibió lo que más quería de la vida y de su relación con su ama.

¡Cuán similar es esto respecto a Dios y el hombre! Si nos abandonamos en total devoción a nuestro «Amo celestial», Él nos agrandará, nos ampliará y nos desarrollará para que alcancemos lo mejor posible como seres humanos, para satisfacción del hombre y la gloria de Dios.

La motivación del hombre en la vida:
Dos necesidades básicas

Dios creó al hombre con ciertas necesidades internas que deben ser satisfechas para que tenga satisfacción en la vida. Las dos necesidades principales del hombre son (1) significado o propósito en la vida, y (2) relaciones significativas, amar y ser amado.

1. Significado: Propósito en la vida

El rabí Harold Kushner escribió en *When All You Ever Wanted Isn't Enough* [Cuando todo lo que usted desea no es suficiente]: «Nuestras almas no tienen hambre de fama, comodidad, salud o poder. Esas recompensas crean casi tantos problemas como los que resuelven. Nuestras almas tienen hambre de significado, del sentido de que hemos descubierto cómo vivir de tal modo que nuestras vidas valgan algo, que el mundo será por lo menos un ápice diferente debido a nuestro paso por él». Una de nuestras motivaciones básicas es hacer algo de modo que nuestras vidas hayan servido para algo.

2. Relaciones: Amar y ser amado

También anhelamos relaciones significativas. Hay quienes han conseguido logros importantes en sus vidas, pero mueren vacíos y sin realizarse debido a que no tienen nadie con quien compartirlos. Si podemos hacer con nuestra vida algo que consideremos significativo, y si podemos amar y ser amados, entonces nos sentiremos realizados, y quedará satisfecha una motivación básica en la vida.

No es malo sentir estas necesidades. Son dones de Dios. La estrategia de Dios fue implantar esas necesidades en nuestras almas y luego satisfacerlas Él mismo. Ellas pueden ser completa y permanentemente satisfechas en Él.

La satisfacción de las necesidades

Son los pensamientos del hombre, lo que cree, lo que determina sus acciones, y estas determinan las consecuencias en su vida. Si un hombre quiere cambiar las consecuencias de su vida, debe regresar al principio y cambiar sus creencias. Sobre tal base puede cambiar sus acciones, y por ende las consecuencias de su vida.

Creencias

EL CAMINO DEL HOMBRE:	EL CAMINO DE DIOS:
La caída ha confundido al hombre y ahora cree que la verdad es lo que puede determinar por medio de su intelecto y sus cinco sentidos.	Esto no es cierto, por supuesto. La verdad es revelada en la Biblia y algunas veces es contraria al razonamiento del hombre.

Las creencias confusas del hombre lo ponen en antagonismo contra Dios.

Acciones

EL CAMINO DEL HOMBRE:

Por consiguiente, puesto que por naturaleza el hombre cree que debe satisfacer las necesidades por sí mismo, intenta controlar a las personas y a las circunstancias para adquirir para sí mismo la significación y las relaciones que anhela.

EL CAMINO DE DIOS:

Lo hace así antes que creer y obedecer al Señor que promete darle lo que anhela: un sentido de propósito y relaciones significativas.

Los esfuerzos equivocados del hombre jamás son plenamente satisfactorios.

Consecuencias

EL CAMINO DEL HOMBRE:

No podemos controlar a las personas ni a las circunstancias lo suficiente como para darnos permanente satisfacción, y si dependemos de eso estamos destinados a una vida marginalmente satisfactoria, en el mejor de los casos, y absolutamente insatisfactoria, en el peor.

EL CAMINO DE DIOS:

Dios quiere que abandonemos el tratar de suplir nuestras necesidades básicas controlando a la gente y a las circunstancias. Él ha prometido que si vivimos por Él, Él nos recompensará con el fruto del Espíritu: amor, gozo y paz.

Logramos satisfacción en la vida al vivir por y con nuestro Amo Celestial, así como el perdiguero lograba su satisfacción en su relación con su dueña.

«El hombre fue creado para conocer a Dios», afirma la Confesión de Westminster, «y para gozar con Él para siempre». Dios creó al hombre con anhelos profundos de significado y amor. Luego planeó satisfacer esos anhelos, plena y eternamente, Él mismo. Somos arrastrados a pecar cuando tratamos de satisfacer esos deseos fuera de lo que Dios nos ha dado propiamente. Así, al empezar a relacionarse correctamente consigo mismo, usted debe entender quién es. Usted ha sido creado por Dios. Sus anhelos pueden ser satisfechos solamente en relación con Él. Todo lo que usted quiere lo halla cuando lo busca a Él. Puede entonces tener paz, no sólo con Dios, sino también consigo mismo.

Resumen: La satisfacción de las necesidades del hombre

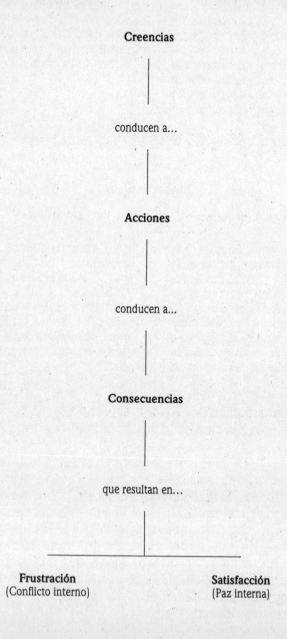

EL CAMINO DEL HOMBRE: EL CAMINO DE DIOS:

Creencias

conducen a...

Acciones

conducen a...

Consecuencias

que resultan en...

Frustración   **Satisfacción**
(Conflicto interno)   (Paz interna)

Repaso: La satisfacción de las necesidades del hombre
(Llene los espacios en blanco)

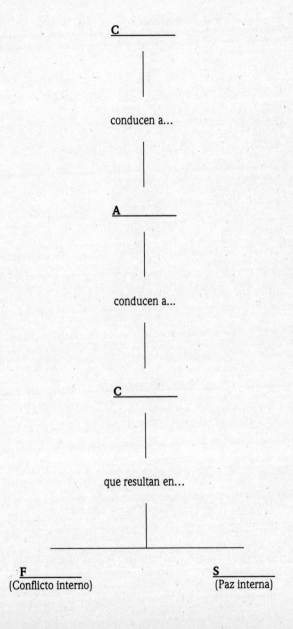

EL CAMINO DEL HOMBRE:　　　　　EL CAMINO DE DIOS:

C_____

conducen a...

A_____

conducen a...

C_____

que resultan en...

F_____　　　　　S_____
(Conflicto interno)　　　　　(Paz interna)

TREINTA

CÓMO RELACIONARSE APROPIADAMENTE CON LOS DEMÁS

Cuando era joven admiraba a la gente lista.
Ahora que soy viejo, admiro a la gente amable.
Abraham Joshua Herschel

El amor es central en las relaciones humanas, y estas son centrales en la vida. El hombre que dijo que era una roca y una isla era un necio. Murió solitario. Nadie jamás ha tenido una vida significativa sin relaciones significativas. Dios no quiere que vivamos solos. Es más, nos hizo de modo que no podemos salir adelante solos. Necesitamos de otras personas. En su lecho de muerte nadie jamás ha dicho: «Hubiera querido haber pasado más tiempo en mi trabajo». Pero muchos han dicho: «Hubiera querido haber pasado más tiempo con mis seres queridos. Hubiera querido haberles dicho más a menudo que los quería».

C. S. Lewis escribió cierta vez:

> Amar en sí es ser vulnerable. Ame algo, y ciertamente su corazón será oprimido y tal vez lo rompan. Si quiere asegurarse de mantenerlo intacto, no debe dárselo a nadie, ni siquiera a un animal. Envuélvalo cuidadosamente con entretenimientos y pequeños lujos; evite todo embrollo; póngalo bajo llave en el ataúd del egoísmo. Pero en ese ataúd, seguro, oscuro, inmóvil y sin aire, el corazón cambiará. Nunca más lo romperán; se hará irrompible, impenetrable, irredimible[...] El único lugar seguro fuera del cielo donde usted puede estar perfectamente a salvo de todos los peligros[...] del amor es el infierno.

Esto se refleja en el poema más dramático y asombroso que jamás haya leído: «Richard Cory» por Edward Arlington Robinson.

Cuando Richard Cory iba al pueblo,
Nosotros, los peatones, lo mirábamos;
Era un caballero de la cabeza a los pies,
Claramente favorecido, e imperialmente delgado.

Y siempre estaba dignamente vestido,
Y siempre era humano cuando hablaba.
Sin embargo siempre hacía acelerar el pulso al decir
    «Buenos días»,
Y resplandecía al caminar.

Y era rico; sí, más rico que un rey,
Y admirablemente estudiado en toda gracia.
En más, pensábamos que era todo,
Como para hacernos anhelar estar en su lugar.

Y así laborábamos y esperábamos por la luz,
Y nos pasábamos sin carne y maldecíamos el pan.
Y Richard Cory, una quieta noche de verano,
Se fue a casa y se voló de un disparo la cabeza.

Una vida rica, plena, se vive *con* otras personas y *para* otras personas. Todos somos parte los unos de los otros, y mientras más profundamente aprendemos a amar y a aceptar el amor, más llega la vida a ser lo que esperábamos que fuera.

Jesús comprendió esto muy bien. Por eso es que habló mucho acerca del amor.

Un mandamiento nuevo os doy: Que os améis unos a otros; como yo os he amado, que también os améis unos a otros. (Juan 13.34)

Amarás a tu prójimo como a ti mismo. (Mateo 22.39)

Dios nos hizo y sabe lo que necesitamos. Él nos ordenó amar porque sabe que necesitamos amor.

El amor es uno de los temas dominantes en toda la Biblia.

Maridos, amad a vuestras mujeres. (Efesios 5.25)

Que enseñen a las mujeres jóvenes a amar a sus maridos y a sus hijos. (Tito 2.4)

Amados, amémonos unos a otros. (1 Juan 4.7)

Andad en amor. (Efesios 5.2)

Pero probablemente el pasaje más completo de la Biblia acerca del amor es el que comúnmente se conoce como «el capítulo del amor» 1 Corintios 13.4-8:

> El amor es sufrido, es benigno; el amor no tiene envidia, el amor no es jactancioso, no se envanece; no hace nada indebido, no busca lo suyo, no se irrita, no guarda rencor; no se goza de la injusticia, mas se goza de la verdad. Todo lo sufre, todo lo cree, todo lo espera, todo lo soporta. El amor nunca deja de ser.

Si todos empezáramos a manifestar esta clase de amor no necesitaríamos ejércitos, ni policía, ni abogados del crimen, ni cárceles ni candados. Empezaríamos a experimentar las relaciones más profundas y más significativas imaginables. Sería como un bocado de prueba del cielo en la tierra.

En su libro *Release from Phoniness* [Libertad de la simulación] Arnold Prater escribe:

> Un hombre que conocía y que estaba detrás del segundo sillón en la barbería era amigo mío, pero el tipo que estaba en ese segundo sillón, un hombre de unos treinta y seis años de edad, era el más malo, más vulgar, más grosero y más perverso que jamás he conocido. Debe haber tenido cierta clase de tirria contra los predicadores, porque me parecía que cada vez que yo llegaba a la barbería él redoblaba su andanada. Un día cuando llegué no estaba allí. Le pregunté a mi amigo barbero dónde estaba, y me dijo: «Oh, ha estado gravemente enfermo. Por un tiempo temían por su vida».
>
> Tal vez seis semanas más tarde entré en la oficina postal cuando oí mi nombre, y al volverme vi al impertinente. Estaba sentado en un automóvil de modo que podía ver a las personas que entraban y salían de la oficina de correos. Era apenas una sombra de hombre y su semblante tenía el color de la misma muerte. Me hizo señas con su dedo retorcido y huesudo, y me acerqué hasta donde estaba. Me habló con una voz tan débil que tuve que inclinarme para oírle: «Predicador, quiero decirle algo. Estuve en coma en el hospital. Pude oír que el doctor le decía a mi esposa: "No creo que dure una hora más"». Entonces su voz tembló y tuvo que detenerse un momento antes de poder continuar. Luego dijo: «Predicador, jamás había orado en toda mi vida... pero entonces oré. Le dije: "Oh, Dios, si hay un Dios, te necesito ahora". Y cuando dije eso... no sé como decirlo, pero Él estaba allí. Él vino».

Entonces las lágrimas afloraron a sus enrojecidos ojos, y dijo: «Oh, predicador, imagínese. Lo había pateado en su misma cara todos los días de mi vida por sesenta años, y la primera vez que invoqué su nombre, Él vino».

Historias de hombres que aman a la manera de Dios se convierten en los relatos más significativos que podemos oír. En el libro de Chuck Colson *Amando a Dios*, cuenta del senador Bill Armstrong, uno que muestra su amor por Dios al amar a sus compañeros.

Jack Swigert, piloto de la misión lunar Apolo 13, yacía en la cama del hospital, críticamente enfermo de cáncer. Con él, sentado donde se había sentado casi cada noche, estaba Bill Armstrong, senador por Colorado y presidente del subcomité del senado que maneja la cuestión más difícil de Washington, el Seguro Social. Estaba allí, no por ser un político poderoso. Estaba allí como un cristiano profundamente consagrado y como amigo de Jack Swigert, cumpliendo una responsabilidad que no delegaría ni esquivaría, incluso cuando detestaba los hospitales.

Y como Colson dice, esa noche Bill se inclinó sobre el lecho y le habló quedamente a su amigo.

«Jack, te vas a poner bien. Dios te ama. Yo te quiero. Estás rodeado de amigos que están orando por ti. Vas a ponerte bien». El único sonido era la respiración torturada y desigual de Jack.

Bill acercó su silla a la cama y abrió su Biblia. «Salmo 23», empezó a leer en voz tranquila. «Jehová es mi pastor, nada me faltará...»

El tiempo pasó. «Salmo 150», empezó Bill, entonces un escalofrío le recorrió la piel. La desigual respiración de Jack se detuvo. Bill se inclinó hacia él y llamó a la enfermera. Conforme la enfermera examinaba a Jack, Bill supo que no había nada más que pudiera hacer. Su amigo había muerto.

Los políticos son gente ocupada, especialmente los presidentes de subcomités del senado. Sin embargo, a Bill Armstrong jamás se le ocurrió que estaba demasiado ocupado como para estar en el hospital. Nada dramático o heroico en cuanto a esta decisión; simplemente un amigo haciendo lo que podía.

Relacionarse de manera adecuada con otros es simplemente cuestión de amarlos. Por lo general no es nada espectacular. Pero es permitir que otros sepan que les queremos, que realmente nos importan, que nos interesamos. Es suplir sus necesidades, si podemos. Es permitirles que suplan las nuestras. Dar nuestras vidas por amor a otros, confiando en que Dios suplirá nuestro más profundo anhelo de amor, pone a otros en libertad para poder dar amor también. Y con frecuencia el amor nos es devuelto, y nuestras necesidades son suplidas en el contexto del amor, unidad y armonía.

Perdón, bondad, compasión y amor. Esas son las cosas de las cuales se componen las relaciones significativas.

En un engañosamente sencillo poema, Henry Wadsworth Longfellow escribió:

> Los corazones bondadosos son como jardines,
> Pensamientos bondadosos son las raíces,
> Palabras bondadosas son las flores,
> Obras bondadosas son los frutos.
> Cuida tu jardín,
> Y tenlo libre de hierbas.
> Llénalo con luz del sol,
> Palabras bondadosas y obras bondadosas.

Resumen

Dios ha creado en nosotros una necesidad de amar y ser amados. La Biblia nos da una buena perspectiva de lo que significa amar, y nuestras observaciones de la vida pueden aumentar esa comprensión. Conforme nos extendemos lógicamente para alcanzar a otros, haciéndoles sentirse amados y aceptando el amor devuelta, llegamos a «relacionarnos apropiadamente» con otros y a experimentar el gozo y el logro de relaciones significativas.

Amar a otros

1. El amor es la base de todas las relaciones significativas.
2. El amor da.
3. El amor recibe.

Repaso

(Llene los espacios en blanco.)

1. **El** _____ es la base de todas las relaciones significativas.

2. **El amor** _____ .

3. **El amor** _____ .

¡Me quito el sombrero ante usted! ¡Ha terminado! *¡Felicitaciones!* Terminar su ejemplar de *30 Días para entender la Biblia* en es un tributo permanente a su dedicación y perseverancia. Es mi más ferviente esperanza que sea una contribución importante para su vida.

APÉNDICE

Historia de la Biblia

ERA	PERSONAJE	LUGAR	RESUMEN HISTÓRICO
Creación	*Adán*	*Edén*	Adán es creado por Dios, pero *peca* y *destruye* el *plan* original de Dios para el hombre.
Patriarcas	*Abraham*	*Canaán*	Abraham es *escogido* por Dios para ser el «padre» de un *pueblo* que *representa* a Dios ante el mundo.
Éxodo	*Moisés*	*Egipto*	Moisés *liberta* al pueblo hebreo de la *esclavitud* en Egipto y les da la *ley*.
Conquista	*Josué*	*Canaán*	Josué dirige *la conquista* de la *tierra prometida*.
Jueces	*Sansón*	*Canaán*	Sansón y otros fueron escogidos como *jueces* para *gobernar* al pueblo por *cuatrocientos* años de rebelión.
Reino	*David*	*Israel*	David, el más grande rey en la nueva *monarquía*, es seguido por una sucesión de reyes mayormente *impíos* y Dios a la larga *juzga* a Israel por su pecado, enviándolos al exilio.
Exilio	*Daniel*	*Babilonia*	Daniel, por los siguientes setenta años, provee *liderazgo* y estimula a la *fidelidad* entre los *exiliados*.
Regreso	*Esdras*	*Jerusalén*	Esdras *dirige* al pueblo de regreso del *exilio* para reedificar a *Jerusalén*.

ERA	PERSONAJE	LUGAR	RESUMEN HISTÓRICO
Silencio	Fariseos	Jerusalén	Los *fariseos* y otros *sepultan* a los *israelitas* en el *legalismo* por los siguientes *cuatrocientos* años.
Evangelios	Jesús	Palestina	Jesús viene en cumplimiento de las *profecías* del Antiguo Testamento sobre un salvador, ofreciendo *salvación* y el verdadero reino de Dios. En tanto que algunos lo aceptan, la mayoría *lo rechaza*. Es crucificado, sepultado, y resucita.
Iglesia	Pedro	Jerusalén	Pedro, poco después de la ascensión de Jesús, es usado por Dios para *establecer* la *iglesia*, el siguiente plan principal de Dios para el hombre.
Misiones	Pablo	Imperio Romano	Pablo *expande* la iglesia al Imperio *Romano* durante las próximas *dos décadas*.

Arco de la historia bíblica

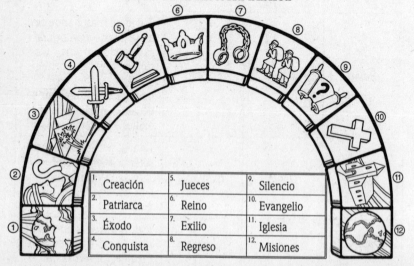

1. Creación	5. Jueces	9. Silencio
2. Patriarca	6. Reino	10. Evangelio
3. Éxodo	7. Exilio	11. Iglesia
4. Conquista	8. Regreso	12. Misiones